作者伉俪

厦大人事风物丛稿

黄宗实 著

图书在版编目(CIP)数据

厦大人事风物丛稿/黄宗实著. —厦门:厦门大学出版社,2021.3
ISBN 978-7-5615-8166-7

Ⅰ.①厦… Ⅱ.①黄… Ⅲ.①厦门大学—校史 ②人物—生平事迹—中国—现代 Ⅳ.①G649.285.73 ②K820.7

中国版本图书馆 CIP 数据核字(2021)第 057264 号

出 版 人	郑文礼
责任编辑	王鹭鹏
封面设计	李嘉彬
技术编辑	朱 楷

出版发行	厦门大学出版社
社 址	厦门市软件园二期望海路 39 号
邮政编码	361008
总 机	0592-2181111 0592-2181406(传真)
营销中心	0592-2184458 0592-2181365
网 址	http://www.xmupress.com
邮 箱	xmup@xmupress.com
印 刷	厦门市明亮彩印有限公司

开本	720 mm×1 000 mm 1/16
印张	9.25
插页	2
字数	121 千字
版次	2021 年 3 月第 1 版
印次	2021 年 3 月第 1 次印刷
定价	40.00 元

本书如有印装质量问题请直接寄承印厂调换

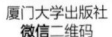
厦门大学出版社
微信二维码

厦门大学出版社
微博二维码

感　谢

南安市芙蓉基金会为本书提供出版资助

以赤诚之心礼赞母校

——序《厦大人事风物丛稿》

在美丽的厦门大学校园，炽烈燃烧的凤凰花刚刚褪下盛装，就迎来国庆节。厦大百年校庆的纪念日正进入倒计时，特制的告示栏正显示再过一百八十天就是这一光辉的日子。迎接百年校庆的各种筹备活动已紧锣密鼓地展开，年届耄耋的宗实兄刚刚整理编好的书稿《厦大人事风物丛稿》，就在这时送达寒舍，他请我为他的这部著作写一篇序言。四十多年前，我们曾一起在校党委宣传部共事近十年，虽然他比我年长许多，但却是地地道道的老同事，我很高兴地接受了这份信任。

黄宗实快人快语，对人对事都非常热心，满腔热情，尤其对于母校厦门大学，总是充满赤诚之心。记得厦大六十周年校庆之前，他就被安排去参加校庆筹备，之后又参加了校史资料的收集整理工作，因此对早期的校史，能够如数家珍，了然于胸。作为百年老校，厦大涌现了许许多多的知名人物，他们是厦大的精神高地，他们的事迹被反复地书写和宣传，宗实兄这部文集的文章写作发表的时间跨度大，虽然也主要书写校史上的知名人物，但他却写出新意，或取材独特、记述新颖，或涉猎新区、见解独到。这部著作丰富了既有的厦大校园往事的记忆，为厦大百年校庆献上一束芬芳的花朵。

说到厦门大学，人们都知晓是爱国华侨领袖陈嘉庚倾资创办的，嘉庚事迹和嘉庚精神已家喻户晓、深入人心。本书也有专论阐述陈嘉庚的不朽功绩和思想，但作者还把笔端触角指向一位幕后英雄，那就是陈嘉庚的胞弟陈敬贤。陈敬贤是厦门大学私立时期校董会三位董事之一，他是陈嘉庚创业兴业、倾资兴学的忠诚支持者和最得力助手，他一生为襄助其兄在南洋经营商业、创办实业，在家乡兴办集美学校和厦门大学，立下汗马功劳。他以"盖吾兄所主张，所捐资创作之事业即弟之事业"的态度支持和协助林文庆校长管理学校。文中介绍了陈敬贤的诸多事迹——参与延聘名师，推进厦大学术研究；审慎处理1924年厦大第一次学潮，在紧要关头竭力维护学校的稳定；善于量入为出，合理解决学校经费投入；从学校实际出发，关注招生规模；主张造就人才必须注重道德教育，倡导"教育有智育而无德育，如人身之有肉体而无灵魂"。作者认为，陈敬贤为厦大的教育事业鞠躬尽瘁的高尚品德，永远值得每一位厦大人敬佩和称颂。

厦门大学于1921年4月6日宣告成立，林文庆于当年六月开始任厦门大学校长直至1937年7月抗日芦沟桥事变，是厦门大学私立时期的校长，任期长达十六年。且不说万事开头难，百年前厦门演武场还是荒冢累累的海边不毛之地，如今成了中国最美的大学校园，先辈开拓之功多么令人钦敬，作为校长的林文庆宵旰勤劳无疑功不可没！更不说在林文庆执长厦大期间，设立文、理、法、商、教育等五院十七系，群贤毕至，教学科研焕发异彩，将厦门大学建成南中国最好的大学。林文庆是传奇人物，他是南洋华侨领袖陈嘉庚的挚友；是英属海峡殖民地第一位华人议员；是马来亚种植橡胶之父、长袖善舞的富商；是第一位获英王奖学金前往英国爱丁堡大学深造的华人精英；是造诣精深、悬壶济世的著名医生；是同盟会早期会员，被中华民国临时大总统孙中山聘为私人秘书，是卫生部顾问。林文庆受过西方现代科学的系统教育，但他对中国儒家文化则极为认同，听一听他和陈嘉庚所确定的校训"止于至善"就可明白一二。可是厦门大学建校初期，也正是五四新文化运动席卷古老神州大地之时，五四新文化运动的主将鲁迅来到厦大，对这位尊孔崇儒的校长颇有微词。鲁迅在厦大是何等至尊，校牌校徽凡是带有厦门大学印记之处都有鲁迅的字体，林文庆纵然执长厦大十六年，由于这一原因他的光环的消散便是理所当然的事。在一个很长时期里，林文庆从人们的视野中消失了。宗实兄却敢于冲破藩篱，于1987年9月即在《厦大校友通讯》上发表长文《作为爱国教育家的林文庆》，提出"给他一个'爱国教育家'的称号，并不会过分"。该文记述了林文庆出长厦大十六年所做出的工作成绩及其对中国近代高等教育的发展所做出的贡献。该文认为，"对于林文庆博士的'身后声名'，后人虽有不同的评价，但他热心公益事业，关怀厦大的进步，突出体现了这位教育家的优良品格。这是值得我们称颂的"。过了很长时间，厦大终于在校园内为林文庆建了碑亭。严春宝博士在其专著《一生真伪有谁知：大学校长林文庆》一书中多处提及黄宗实的这篇文章。

　　本书还以专文述写厦大首任校长邓萃英。邓萃英在厦大正式成立之后，即辞去校长一职，因时间很短，人们对他虽有提及，但无展开书写。1920年10月，邓萃英应聘担任厦门大学校长，1921年4月6日厦门大学举行开校式。开学不久，邓萃英于5月3日辞去校长职务。邓萃英应聘校长一职后，即回闽参加筹建厦门大学。筹办期间，他在集美学村与陈嘉庚先生毗邻而居，对于校舍建设和学校初期部、科设置，曾一起参与策划。在一切筹备工作基本就绪时，邓萃英即制定厦门大学大纲，提出"大学之要务有三：一，研究学术；二，培养人才；三，教育与社会须联为一气。此三种要务之外，尚有一种要务，就是'自强不息'四字"。他还聘请商务印书馆郑贞文担任教务主任，郑即创作出文白结合的《厦门大学校歌》歌词，传唱至今。邓萃英辞去厦大校长后，先后担任过北京师范大学校长、河南大学校长等职。1949年赴台湾后，提倡九年义务教育不遗余力，为实施九年义务教育方案奔走呼号，终于使九年义务教育于1965年在台湾成为制度。当我们庆祝厦大百年华诞之际，的确不应忘怀首任校长的筹备之功。

  黄宗实自1983年起就很注重第一手校史资料的搜集与保存，本书充分体现他的研究功力，他以一颗赤诚之心，一腔对母校的热忱，先后写成一批回顾厦大往事的文章，于今结集出版，是一件可喜可贺的事情。我作为他的老同事，写了以上的话，对本书略作介绍，权作本书的序。

陈福郎

庚子年九月十九日

（序者为厦门大学出版社原总编辑、编审）

目录 Contents

序

001　陈嘉庚的文化观及其对闽南文化的贡献

014　陈嘉庚兴学育才的得力助手陈敬贤

019　李光前与厦门大学

026　诚毅两字心中藏 亮节高风启后人

032　作为爱国教育家的林文庆

040　苟利国家生死以 乐育英才汀江边

053　汪德耀赤诚爱国 献身科学教育的一生

058　邓萃英与台湾九年义务教育

063　催化泰斗 百岁传奇——蔡启瑞院士

065　欢迎台湾青年来厦大就读

069　张乾二院士的青少年时代

085　中国，第二故乡

088　海角校园花正妍

092　长怀母校念前徽

096　毛泽东"华侨旗帜 民族光辉"题词之由来

098　欢迎王亚南就任厦大校长的一张老照片

101　萨本栋为厦门大学校名加"注脚"

102　厦门大学校歌作者与歌词释义

110　群贤楼底层廊厅墙壁上的两方铭功碑刻

114　私立时期厦大校园文明风尚的一份合约

121　厦大校友总会组织的成立及其历史沿革

137　后记

陈嘉庚的文化观及其对闽南文化的贡献

陈嘉庚（1874—1961）是享誉中外、名冠全球的中国爱国华侨领袖。他是一位诚信果毅、业绩卓著的大实业家，也是一位矢志不渝、兴学育人、为祖国的文化教育事业做出贡献的教育家。本文以多角度的文化视点，通过陈嘉庚兴学育人的历史事实和他的言论，探讨陈嘉庚的文化观及其对闽南文化的贡献。

一

在论述文化观的内涵之前，有必要探讨文化一词的概念。广义的文化，指的是人类社会实践过程所获得的物质的精神的生产能力和创造物质精神财富的总和。人们的饮食起居、穿戴出行、交际语言是文化；教育、伦理、经济、政治、科学、艺术、宗教和习俗，也属于文化范畴。有了人类社会，就有了文化。文化只会产生和改变，不会灭绝；它随着时代的变迁而继往开来不断进取，从而形成了每一个时代所独有的文化。文化同时还具有民族性和地域性，不同民族不同地域的文化又形成了文化的多样性。

闽南文化，是中华文化的组成部分，具有其本身特有物质形态和意识形态，又有其发展变化的历史继承性、地域性和多样性。

教育属于文化范畴，近代和现代教育史上的各类学校，又是教

---

* 本文系参加2009年2月由福建省炎黄文化研究会与台湾中华闽南文化研究会联合举办的海峡两岸炎黄闽南文化研讨会的论文，后发表在厦门大学出版社2015年5月出版的"老教授论坛"系列论丛（八）上。

育的主要载体。闽南地区的教育，除继承了中华民族固有文化传统外，由于地缘和经济等原因，较早地接触和融入了西方的现代科学文化，得风气之先，开交流之源。

陈嘉庚所处的时代，正是世界风云变幻，清王朝行将寿终，民主革命风起云涌，新旧中国转变时期。他亲历了旧中国积贫积弱，平民百姓处于贫困愚昧之中的社会现实，痛感中国需要变革。他指出："教育不振则实业不兴，国民之生计日绌……每念及此良可悲已。吾国今处列强肘腋之下，成败存亡千钧一发，自非急起力追，难逃天演之淘汰。"在他看来，变革的办法和途径，唯有兴学育人，为国家培养经世治国之才。因此他疾呼，"国家之富强，全在乎国民，国民之发展，全在乎教育""教育为立国之本，兴学乃国民天职"。由此可见，陈嘉庚关于兴实业办学校的思维和理念，正是他的教育观、文化观的思想基础。

陈嘉庚文化观的内容涉及很广，诸如经济、政治、教育、科学、艺术、建筑、宗教、民俗、道德、体育等，都有精辟的见解和个性的表述。限于篇幅，本文只阐析他在办学、道德、体育、建筑、民俗等方面的言论，而中心论题则是他在教育方面的论述及其贡献。

二

陈嘉庚教育观，直接来源于陈嘉庚在其家乡集美、厦门乃至闽南地区长期的大规模的兴办学校的实践，在实践中总结和升华。其主要点可概括为五个方面：

（一）有无教育和教育的发达水平，是国家经济社会文明进步和发展的标志。1912年他决意在集美兴办小学。当他回国在其故乡视察时，在村里"见十余岁儿童成群游戏，多有裸体者，几将回复上古野蛮状态"，认为农村落后状态"如不改善，十数年后，岂不变成蛮野村落者乎"？他"触目惊心，弗能自已"，出于爱国爱乡的感情，他认为要改变此状况，当务之急唯有兴办学校，别无他途。陈嘉庚在新加坡兴业经商，接触了西方的文明，并把落后的中国与文明的西方国家作了对比。感叹地说："英、美、德、法诸国男女不识字者百人中不满三十人，我中国人中则占九十六人，识字者仅百人中四人而已。呜呼，此人格欲立国于世界而求免天演淘汰，其可得乎？"因此他得出的结论是：一个国家读书的国民越多，教育就越发达，社会的文明程度就越高。

（二）陈嘉庚认为办学校是"为社会促文化，为国家造人才"，指出办教育要出于公心，不能有地域偏见。他指出：教育乃百年树人，不能立即拯救国家于危亡，这是事实；然而民智不开，民心不齐。启迪民智有助于革命，有助于救国，其理甚明：教育是千秋万代的事业。

陈嘉庚在办学的实践中，还强调师范教育和高等教育的重要地位和作用。他认为"师范是教育的基本"，"没有好教师，就没有好学校"。他深感兴办学校，师资奇缺则难于达到目的。因此他"默念待力能办到，当先办师范学校，收闽南贫寒子弟才智相当者加以训练，以挽救本省教育之颓风"。

陈嘉庚还认为，要根本解决民族振兴、国家富强的问题，就应该培养具有专业知识技能的高等专门人才。1919年，他在筹办厦门大学的通告中强调指出："专制之积弊未除，共和之建设未备，国民之教育未遍，地方之实业未兴，此四者欲望其各臻完善，非有高等专门学识，不足以躐等而达。"进入1920年代，他又指出发展科学需靠高级人才："何谓根本，科学是也。今日之世界，一科学全盛之世界也。科学之发展，乃在专门大学。有专门大学之设立，则实业、教育、政治三者人才乃能辈出。"

（三）教育是发展经济促进物质文明的根本。陈嘉庚痛感我国经济之落后，原因在于我们没有掌握工农业、交通、金融业等生产与经营方面专门知识的人才。他指出："我国商业之不振，推其缘故，地非不大也，物非不博也，人非不敏也，资本非不雄且厚也。所独缺乏者，商人不知商业原理与常识耳。"他得出的结论，"盖商战也，而学战已寓其中焉"，"补救之法，莫善于兴学"，"教育不兴，实业不振"，"教育为强国之本"。

（四）陈嘉庚认为，兴教育办学校是国民的义务，凡有爱国之心且为富之人，都应负起"国家兴亡匹夫有责"之责任，把兴家与兴学结合起来。1920年他在筹办厦门大学的演讲中阐明了这一观点："尝观欧美各国教育之所以发达，国家之所以富强，非由于政府，乃由于全体人民。中国欲富强，欲教育发达，何独不然。"面对20年代军阀混战、政府腐败的时局，他大声疾呼，"现下政府切不可靠，贵吾民自奋发为要"，"夫当局诸公，既不足与之言兴学，则国家兴亡匹夫有责，自当急起直追以尽天职，何忍袖手旁观，一任教育前途之涂炭。且兴学即所以兴国，莫非为兴家计，既要兴家，则对于兴国之教育不可不加之意焉"。

三

陈嘉庚在兴学育人的实践中，既重视学校的教育质量，也重视学校对学生在德、智、体、美的全面发展的教育，同时还注意到人格的心理的自我教育，要明辨是非学会做人。这就是他的道德观。他要求学校要明确"德、智、体、美全面发展的培养目标，首先强调把德育放在首位，培养学生的爱国主义觉悟"。他说，对学生"不但教其识字而已。其他如知识、能力、品格、实验、体育、园艺、音乐、课外活动均须注意与正课相辅而行"，他还认为，道德教育是对教师施教的基本要求，对受教育者来说，还需要个人的品德、行为、心灵的内在修养。他指出："革命可分公私二种，工业的革命、文化的革命、政治的革命，这是公的；心理的革命、人格的革命，这是私的。公的革命个人做不来、不能做，可以让别人去做，至于私的革命，如心理的革命、人格的革命，这些不能让别人做，应该自己来做。"他还强调"做人最要紧是有是非"，"无是非就不算是人"。至于人格、心理的修养，他提出："礼义廉耻，国之四维。四维不张，人格丧尽，何能图存？以校中言，尊师重傅、敬长谦恭谓之礼，克己守校章、不忘本谓之义；不贪名、不贪功、不出轨道谓之廉；寸阴是惜，恐学业无成谓之耻。绝未有舍耘人、无尊无长、倒行逆施而可谓之有人格哉。"实事求是，敢说真话，明辨是非，坚持原则，不徇私情，鄙视名位，公道正义，这正是陈嘉庚个人道德品质"止于至善"的最高境界，也是他人格完美、事业成功的要诀，足以为后世之楷模。

四

陈嘉庚对于体育在学校教育中的地位和作用，也有独到的见解和正确的观点。他在"爱国始于爱乡，强国必须强民"的观念主导下，强调在兴学育人的过程中，应明确"教育为立国之本""体育为兴国之策"。他在侨居地与外国人的交往中"眼见欧美人士对体育的提倡不遗余力，是故彼邦人士莫不体魄雄伟"，而回国之后则痛感我国民众体质羸弱，而"青年学生亦多弯腰驼背，精神萎靡，似此人才，将来虽有满腹经纶亦不能负国家重任"。他还强调体育必须与道德教育结合起来，他说，"体育运动为教育中一重要之科学，虽主旨在训练健康健身，然对于道德精神，关系更为密切，若出现注意体育而忘道德之观念，深可慨叹者也"，"吾人应有健全之身体与精神，方可为社会服务"。

五

兴教育办学校需要注重两方面的建设，用现代语言来表述，就是"软件"和"硬件"的建设。就"软件"而言，指的是办学宗旨、教育方针和教学内容等；就"硬件"而言，指的就是教学科研设施、图书仪器和校舍建筑。其中最突出的是校舍，它牵涉到校舍的环境、实用、景观等建筑文化问题。

集美学村和厦门大学的校舍建设的实践，充分展示作为建筑学家的陈嘉庚独具匠心、精心擘划、尽善尽美的设计理念和不求豪华但求实用的主导思想，形成他别具一格的建筑文化观和建筑风格。这里，仅就厦门大学私立时期校舍建筑的过程中，陈嘉庚的有关指示及与基建负责人的来往信函中，略述其建筑文化观的基本要点。

（一）校舍建设规划必须立足现实，深谋远虑。陈嘉庚指出："教育事业原无止境，以吾闽及南洋华侨人民之众，将来发展无量……故校界之划必须费远虑。"他对校园环境规划提出："计西自许家村，东至胡里山炮台，北至五老山，南至海边……概当归入厦大校界。"当时的国民政府，即按学校的申请予以批准备案。当校舍建设开工之后，遇到困难时，他对主持基建工程的建筑部主任陈延庭及林文庆校长去函鼓励："厦大关系我国之前途至大，他日国家兴隆，冀居首功之位，而目下辛苦经营，负此重任，别无他人，唯林校长与宗兄及吾弟三人耳……（望）毅力勇为，可进尺而不可退寸。"

（二）强调坚持校舍建筑三项原则。1923年4月11日在致陈延庭的信中，陈嘉庚写道："弟意建筑厦大校舍最重要不出三事：第一件是地位之安排，因关于美术上之重要及将来之扩充是也。其次就是间隔与光线……第三便是外观，此事亦关乎美术之作用。若系注意美术，费多项以办理，此项实非我初创厦大之宜。唯能免花多资，粗中带雅之省便方可也。"

（三）费用务求省俭，就地取材，切勿过求永固。陈嘉庚指出："建筑之费用，务求省俭为第一要义。凡本地可取之物料，宜尽先取本地产生之物为至要。不嫌粗，不嫌陋，不求能耐数百年，不尚新发明多费之建筑法，只求间格适合，光线充足，卫生无缺，外观稍过得去……切勿过求永固,不唯现下乏许财力,然厦地异日(将来)定为通商巨埠,二三十年后,屋体变更,重新改作(建),为势必然。"

六

出生在闽南同安县集美社的陈嘉庚,对家乡的风俗习惯,民风民情皆系亲身经历,一目了然。他从社会教育的角度出发,认为改革陈旧落后的习俗,乃"事关祖国兴替"的大事。他说过"习俗误人,至为可畏;须知人心放纵易收拾难"。因此,他在1948年编印《民俗非论集》,对过去封建社会遗留下来的落后的风俗习惯以及近代从西方传入的"欧俗",计列举了十八项(其中多数流传在闽南地区),并一一给予尖锐的批评。认为这些颓风陋俗"未见其福,先见其祸",由此形成陈嘉庚独具创新思维的民俗文化观。

(一)陈嘉庚指出,从西方传入中国大小城市的营业舞厅、夜总会,"名曰欧美化,事实与青楼妓院相差无多"。此风如任其存在,"诚有百害而绝无一利",势必引起青年道德堕落,犯罪增加,贻误社会文明。

(二)陈嘉庚对存在于我国民间的嫁娶、作生日、丧事、作功德、迎神、普渡、烧纸钱、应酬、服饰、演戏、风水、饮食卫生、儿童教育、夜间消遣、停柩不葬、拜年等风俗习惯,提出真知灼见的批评和建议。他认为,对民间习俗,应采取正确的办法,进行改革,以达到去邪归正、兴利除弊。他提出对上述习俗或予破除迷信,或予取缔限制,或予禁止节制,或予"斥靡返醇,化民美俗";对儿童的家庭教育宜讲究方法,切忌威吓、利诱、神鬼慑心,而应予开发心智、鼓励进取精神,使其健康成长。

陈嘉庚为振兴中华民族,创造文明社会,一再倡导移风易俗。他认为除积弊、革陋俗都应该坚决彻底。他提出:"吾人以为欲谋民族之复兴,一切改革必须力求其彻底。大而一国之政体,小而一身之衣服，举凡悖理之法、失时之制，皆宜以大刀阔斧，斫伐而铲剪之，务使全部皆呈新气象；然后'复兴'二字始有足言。"

从以上关于教育、道德、体育、建筑和民俗等五个方面来阐释陈嘉庚的文化观。不难看出，陈嘉庚的文化观，是在他所处时代的历史条件，继承了中华民族优秀文化传统，接受了西方现代先进文化而形成和发展起来。他的思想观念和他的社会实践，是根据当时的时代特点和中国国情、个人阅历，坚持古为今用、洋为中用，从而提出上述一系列崭新的思考和见解，给后代留下一笔宝贵的精神财富。

七

陈嘉庚兴办教育事业，始终立足闽南地区和侨居地新加坡，且从实际出发，由近及远、由小学而中学而师范，最终达到办大学。对于闽南地区的文化和教育问题，他的著述、演讲词和函件中多次提及。1924年8月3日致叶渊函中提出："本暑假期中得集闽南小学教员指导研究及此后设小学研究会，将来定大实益我闽南教育，真是无穷之幸福。"1925年4月2日致叶渊函提到："盖弟因办集美小学始感师资缺乏，闽南文化之消弱，故增办师范而兼他科。"1926年1月在《厦门大学国学研究院组织大纲》第3条中提出研究项目的分组名单时，其第14款明确规定设立"闽南文化研究组"；同月16日致函叶渊，表达他"所抱定主义者，谨为先生陈之，第一事注重集、厦二校；第二事国中都会（市）、巨镇、省会各图书馆附博物院；第三事就是大闽南主义，扩充师范、中学、小学等是也"。1926年4月，他决定对闽南各县所办的中学师范实行经费补助，他在是月2日给叶渊的信中表示："补助闽南中、师事，以为他年实行我大闽南主义之预备。"

陈嘉庚对闽南文化的贡献是多方面的，但首要的是兴办学校培养人才。陈嘉庚独资兴学，始于他三十八岁时的1912年。他首先在其家乡集美社筹设小学,并于第二年春天开学。以后陆续创办集美师范、中学、水产航海、农林、商业,以后发展至成为集美学村。在他四十八岁时的1921年4月,又创办举世闻名的中国现代教育史上由爱国华侨创办的第一所高等学府——厦门大学,这是他事业鼎盛的最高阶段。

根据统计的数字显示,由陈嘉庚及其弟陈敬贤创办、资助和支持发展的学校计有:一,集美学村二十四所,举其要者有集美幼儿园、集美小学、集美中学、集美师范、集美水产航海、集美农林等校;二,厦门大学、厦门公学(校址在当时厦门模范新区);三,同安县(创办、资助)六十一所,举其要者有乐安小学、同安二中、同安一中、南洋女校、集友小学等;四,福建省各县市资助、创办、代办(同安县除外)二十三所,举其要者有安溪公学、金门公学、金门碧山学校、惠安公学、永春公学、私立泉州中学、南安国专小学和国光中学(陈嘉庚女婿李光前委托创办)、惠安荷山中学等;五,新加坡(参与创办、资助或支持)十所,举其要者有道南学校、爱同学校、南洋华侨中学、南洋华侨师范、光华学校等。以上五项总计为一百二十所学校。

其次,人才培养,以厦门大学为例。厦门大学是陈嘉庚继创办集美学校之后,倾资兴学培养高级专门人才树立的又一座丰碑,是前无古人、后无来者、独树一帜、震古烁今的壮举。厦门大学从1921到4月开办,至1937年6月因陈嘉庚公司企业收盘、陈嘉庚无力支持而将厦门大学无条件献予政府止,陈嘉庚独资支撑厦大十六年。对此他还深为自疚地说:"每念竭力兴学,期尽国民天职,不图经济竭蹶,为善不终,贻累政府,抱歉无似。"

厦大私立时期培养的毕业生,从1926年第一届开始,至1937年第十二届止,共培养毕业生六百三十五名。他们毕业之后,为中国和东南亚华侨华人的经济社会建设发展和人类文明进步,贡献了智慧与才干。在这批毕业生中,涌现了一大批出类拔萃的知识精英,他们中有：中国科学院院士的卢嘉锡（化学家）、曾呈奎（海洋生物学家）、方宗熙（生物遗体学家）、蔡启瑞（化学家）和伍献文（动物学家）等五人，还有历史学家林惠祥、叶国庆、庄为玑、薛澄清、傅家麟；天文学家李鉴澄；经济学家、翻译家吴亮平；经济学家许涤新；哲学家、书法家虞愚（德元）；语言音韵学家黄典诚、陈敦仁（梦韶）；教育学家陈育崧、陈村牧、黄泰楠；会计学家黄克立，金融学家陈明鉴；动物学家徐锡藩、汤独新、金德祥；物理学家刘朝阳、颜戊己；文学家、目录学家张秀民；美籍生物学家顾瑞岩；教育家、新闻学家刘季伯；等等。这里应该特别指出的是，在这批突出人才中，绝大多数是闽南人（五名院士中有四人是闽南籍的）。试想，若无厦门大学创办在闽南，岂有此奇迹的出现？

再次，图书馆、科学馆和博物馆建设。陈嘉庚在兴办教育事业的实践中，十分重视图书馆、科学馆和博物馆的建设，认为这是对学生进行人文科学、自然科学、行为科学等综合教育必不可少的设施，也是对广大民众进行社会教育的生动课堂。他在创办厦门华侨博物院时曾说过："博物馆是文化教育机构的一种，与图书馆、学校同样重要，而施教的范围更为广阔。学校为学生而设，图书馆为知识分子而设，博物馆的对象则不限于学生或知识分子，一般市民，无论男女老幼、文野雅俗，一入其门都可由直观获得必需的常识。"

陈嘉庚一生独立投资创建的图书馆、博物馆、科学馆有集美图书馆、集美科学馆和厦大图书馆，支持、资助的有福建省图书馆、上海图书馆；由他倡办（并为主要投资者）的有厦门大学人类博物馆、厦门华侨博物院。此外，还有由他自己设计和主持建设的、以集美解放纪念碑为标志的集美鳌园（现已辟为陈嘉庚纪念胜地）。

复次，重视保护文物古迹。陈嘉庚在厦门大学初创阶段和二十世纪五十年代扩建校舍的过程中，十分重视文物古迹的保护。

民族英雄郑成功在反清复明屯兵厦门时，开挖了许多水井，被人称为"国姓井"。其中，在集美延平公园和厦大演武场各有一口。

二十年代建设厦大校舍时，在映雪楼后的一口"国姓井"很少人知道。该井紧挨着楼房，当时不仅影响该楼施工，而且影响周围的布局及绿地外观。当陈嘉庚知道这是郑成功时代留下的古井时，他一再叮嘱施工人员，必须完好无损地保存起来，不能填掉。这为后人研究郑成功的历史提供了文物依据。

五十年代，陈嘉庚在其女婿李光前的支持下，主持厦大校舍的大规模扩建。1951年在新建的紧邻海边的以"建南大会堂"为主体的五幢大楼时，紧靠东南侧的"成智楼"（原图书馆用房）前侧的山坡上，有一座反映清朝军队为防止农民武装攻袭大小担岛的清军防地，于嘉庆年间（1803年）由地方捐资筑造的石构碑亭，碑额横题"建盖大小担山寨城碑记"。陈嘉庚在视察建筑工地时，发现了这处历史遗迹，即令石工将碑亭扶正并整修一新，恢复其原貌。1961年经厦门市政府批准，该碑亭列入第一批市级文物保护单位。

最后，办报与印行书刊。陈嘉庚很重视报纸书刊的舆论宣传和教育作用。早在他实业鼎盛的时期，他在新加坡发现一本药书《验方新编》，认为此书如在闽南乡村赠送，对缺医少药的老百姓，定"裨益不少"，即联系上海书局重印，送到内地赠送。1923年，他创办《南洋商报》，于当年9月6日开始刊行。他在该报上发表《本报开幕之宣言》一文，论述实业与教育之关系，他还在抗战胜利后的1946年出版专著《南侨回忆录》《住屋与卫生》《我国行的问题》和《民俗非论集》等书。

在厦门大学私立时期（1921—1937年）科学研究氛围很浓，一批来校任教的专家学者争相著书立说，先后创办一大批学术刊物，出版一批学术专著。主要期刊有《厦大周刊》《厦门大学旬刊》《厦门大学季刊》《厦门大学学报》《厦门大学一览》《国学研究院周刊》《当代法学》《商学季刊》《厦门大学算学学会会刊》《厦大社会学刊》《厦大图书馆报》《鼓浪周刊》《波艇月刊》《厦大学生》等。教师的专著有《心理学论文集》、《教育学原理》（孙贵定著）、《气象学论丛》

（杨昌业著）、《厦门音系》（罗常培著）、《扬雄方言之研究》（沈兼士著）、《古小说钩沉》（鲁迅著）、《马可孛罗游记》（张星烺著）、《闽省姓族迁移史》（张星烺著）、《魏晋思想史》（容肇祖著）、《中世纪的泉州》（张星烺著）、《闽粤方言之来源》（林语堂著），等等。这些报纸、期刊和文化、学术著作的出版发行，不仅提高学术文化水平，而且也对闽南地区的文化建设，起到积极的推动作用。

《回忆陈嘉庚》一书的封面

综上所述，陈嘉庚有关教育、文化的一系列实践活动和独立思考的精辟言论，体现他的目光远大、务实求真、诚实坚毅、终身奉献、超越情怀的文化性格。他为改变闽南文化教育的落后状态，做出了前无古人、后启来者的巨大贡献。就其社会效应和影响力而言，陈嘉庚的崇高事业、陈嘉庚的爱国精神，是超越闽南地域的，是具有世界意义的。作为实业家，他被称为"橡胶大王"；作为教育家，他被誉为倾资兴学的实践教育家；作为华侨领袖，他被毛泽东誉为"华侨旗帜，民族光辉"。

鉴于陈嘉庚的伟大贡献，1990年3月11日，国际小行星中心和小行星命名委员会把编号为2963号的小行星命名为"陈嘉庚星"。1992年8月28日，由诺贝尔奖获得者杨振宁、丁肇中、李远哲和著名学者田长霖、王赓武等五人发起的旨在"弘扬嘉庚精神，凝聚各界精英，服务社会造福人群"的"陈嘉庚国际学会"在香港正式成立。所有这些，印证了笔者在本文开头对陈嘉庚"享誉中外名冠全球"的评价是实事求是的。

参考文献

陈嘉庚：《南侨回忆录》，新加坡南洋印刷社1946年再版。

陈碧笙、陈毅明：《陈嘉庚年谱》，福建人民出版社1986年版。

王增炳、陈毅明、林鹤龄：《陈嘉庚教育文集》，福建教育出版社1989年版。

黄宗实、郑文贞：《厦门大学校史资料第1辑（1921—1937）》，厦门大学出版社1987年版。

陈嘉庚兴学育才的得力助手陈敬贤

陈敬贤先生是陈嘉庚先生的胞弟，厦门大学私立时期（1921—1937）校董会董事。他是陈嘉庚创业兴业、倾资兴学的忠诚支持者和最得力的助手。他一生为襄助其兄在南洋经营商业、创办实业，在家乡兴办集美学校、厦门大学而立下不可磨灭的功绩。他那国而忘家、公而忘私和实事求是的崇高品德，深得广大师生和社会各界的爱戴和敬重；他为厦门大学初创阶段的办学育人、学校建设所做出的贡献，在厦大校史上写下了光辉的一页。

匡助兄长兴业办学　为树人育才奉献一生

陈敬贤出生在中华民族积贫积弱、内忧外患的年代。1889年1月13日生于同安县集美社。1904年到新加坡，开始步入商界，主理其兄工厂业务和米店财务。1906年，少年陈敬贤才华初露，不足十八周岁就担任谦益米店经理。1908年冬，因患肺病回乡养病。1909年携眷返回新加坡。1912年陈嘉庚回乡筹办集美小学，陈敬贤独自主持新加坡的商务。这一时期，陈嘉庚经营的企业大有发展，财力充实，兄弟俩相议救国之计，认为唯兴办教育方能奏效。1916年10月，陈嘉庚即"商遣舍弟回梓"，让陈敬贤回乡，筹办集美师范、中学。陈敬贤全力以赴，筹划并督建校舍。迨至1919年2月，先后增办集美女子小学、集美师范、集美中学和集美幼稚园。

1919年，陈嘉庚雄心勃勃决意创办大学。即令其弟于当年4月

* 本文原载《厦门大学报》2007年2月8日第760期，第4版。

陈嘉庚兴学育才的得力助手陈敬贤

陈敬贤

重返新加坡总理陈嘉庚公司业务，并扩展橡胶制造业。是年7月，陈嘉庚在厦门浮屿陈氏宗祠发表了著名的《筹办厦门大学演讲词》，提出"救亡图存，匹夫有责""财自我辛苦得来，亦当由我慷慨捐出"。1921年4月，厦门大学正式开办，陈敬贤即任校董会董事。是年11月，陈敬贤因旧病复发，回乡养病。此时，兄弟俩就南洋实业和家乡的教育事业互相轮换，配合经营与管理。陈嘉庚于1922年3月回新加坡总揽公司全局，直至1934年企业收盘。此期间，陈敬贤负责管理集美各校和厦门大学，以及"陈嘉庚公司"在国内的分行和店铺。对于陈嘉庚倾资兴学的伟大实践，陈敬贤始终尽心竭力，给予支持。他以其兄为榜样，公而忘私，忘我工作，"欲尽国民本职，不惜牺牲一己之安，乐以赴之"。

1925年10月，陈敬贤再度赴日本治病，1927年回国，先后寓居杭州灵隐寺、厦门大学、南普陀寺和厦门禾山茂后社，修炼佛学。1936年2月，因病医治无效，病逝于杭州弥陀寺。

陈敬贤英年早逝的噩耗传来，厦门大学师生不胜悲悼。厦大校刊发布讣闻，刊登《陈敬贤先生传略》。4月18日集美学校召开追悼会，适林文庆校长晋京公务，学校派秘书詹汝嘉带领师生代表前往参加。5月17日，厦门各界举行追悼陈敬贤大会，林文庆亲率师生参加公祭，并致祭文。林文庆本人送的挽幛写道："佐元方兴学育才赢得大名垂宇宙 从佛国归真返璞难禁老泪哭英灵。"

抗战胜利后，厦门大学复员厦门后，扩建一批新校舍，为纪念陈敬贤对厦大办学所做的贡献，校方将与笃行楼（其址现为克立楼）并排的一座教工宿舍楼命名为"敬贤楼"。

担任厦大校董　为厦大建设与管理尽心竭力

厦门大学开办初期，即颁布了《厦门大学组织大纲》，大纲第五章规定学校设立董事会，其义务和权限五条，主要是筹划经费聘请校长和学校预决算及基金管理等。自1921年至1934年，董事会成员共三人，即：创办人陈嘉庚为永久董事，校长林文庆为当然董事，陈敬贤为董事。这是学校的最高权力机构。

从董事会的权限来看，陈敬贤要参与学校的重大决策，又是联系和代表永久董事陈嘉庚来主管学校建设及后勤保障等校务，可谓权力不小，任务不轻。虽然有关他的事迹文字记载不多，但从董事会的职权以及陈敬贤与其兄陈嘉庚的往来信件中可以看出，陈敬贤是以"盖吾兄所主张，所捐资创作之事业即弟之事业"（1924年9月致陈嘉庚信）的态度来支持和协助林文庆校长管理学校，可谓尽心竭力，义无反顾。现略举数例，来阐明陈敬贤为厦大操劳和所做出的贡献。

一，参与延聘名师，推进厦大学术研究。1925年夏，北京大学教授林语堂来厦大参观，正在主持厦大校务的陈敬贤与林语堂会晤。当时林语堂之兄林玉霖在厦大执教。因此，陈林两人的见面就更增亲切感和老乡情。这次会晤也就为尔后林语堂来校任教，进而筹建厦门大学国学研究院打下感情联络基础。

1925年年底，厦大决定筹办国学研究院，随即由陈敬贤出面，首先聘林语堂来校任文科主任兼语言学教授。1926年10月国学院正式成立，林语堂任总秘书，由他推荐，先后聘请原任北京大学国学研究院主任的著名学者沈兼士以及鲁迅、顾颉刚、张星烺、孙伏园等来校任教兼从事中国文化的研究。此时，正是厦大私立时期名师荟萃、声誉日隆的鼎盛时期。应该说，这也是陈敬贤为厦大的发展前途画上的精彩夺目的一笔。

二，审慎处理厦大第一次学潮。1924年5月，厦大发生全校学生罢课的首次学潮。面对学校混乱局面，陈敬贤参与接见学生代表，商议处理善后，并就此事告禀其兄，商议平息学潮之良策。当时上海《申报》曾就此事作了报道："各界调停厦大学潮会，派代表分征陈敬贤及学生双方意见……结果定七日请被解职三主任到会，对各界表示意见后，再定办法。"虽然此次学潮导致部分师生脱离厦大到上海创办大夏大学，但从中也可以看出，陈敬贤在紧要关头是在竭力维护学校的稳定。

三，善于量入为出，合理解决学校经费投入。他就其兄提出集美学校从缓扩充的主张，联系厦大的办学规模，提出"窃厦大亦不必急于进行。昨林文庆先生告弟以经常费，此后如照所招班数顺序进行，则应年年扩增甚多，料乏如许之经费可以接应"，"窃厦大现分十科左右，实属计划太大，弟意须大加缩小"（1923年12月29日致陈嘉庚家书）。陈敬贤主张创办学校，在于"造就有道德与智识兼备的人才，出来担负国家及社会的责任"（1924年在集美学校"双十节"教师茶话会上的演说)。他根据陈嘉庚的经济能力实际,主张"量入为出"来解决学校的经费投入。他也十分精细地审核学校的决算。在征询林校长并审阅会计账时,他汇报说"该账系用新式簿记法,各项条目都有分别记登分明",让其兄长放心。

四、从学校实际出发,关注招生规模。他根据学校经费的支持力度,主张招生规模要适度,"厦大不宜进行过猛"。认为林文庆此前为达预定生额而破格招收实属不妥,主张此后只选合格者,不要滥竽充数,多招学生以增加经费负担。

五、主张造就人才必须注重道德教育。1924年年初,陈嘉庚与集美学校校长叶渊商议培养大学生计划,说"国家欲达法治,端赖专门大学"。陈敬贤获悉后写信给其兄,表达自己的意见。他说,"窃以吾兄以多造就大学人才为要紧,而尤须使有道德,重实际为根本""教育有智育而无德育,如人身之有肉体而无灵魂"。他根据学校教育实际和社会现实状况,认为道德是人的灵魂,应重视德育教育。为此而多次与其兄商讨此事。他针对当时学生存在的"见人华服则愧不若人,年纪尚轻学业未成,则妄谈恋爱,沉沦色欲"的不良作风,指出"对衣、食、色诸欲若不能自制,其人必无进德可言"。他提醒其兄:"集厦两校若不以德化为教育之基础,而只能使学生有知识,则无异于授枪械与无道德之军人。是但为虎添翼,枉费吾兄血汗得来之资金。"同时他也强调教师要以身作表率,重视德育,才能培养出为国家民族的振兴而尽力的好学生。他对教师中发生赌博事件感叹"教职员之资格不足,真实具有义务之心者甚少",强调师德的极端重要性。

总之,陈敬贤在担任厦门大学董事的十三年中,秉承其兄意旨,全力支持校长履职,以病弱之躯,不辞辛劳,不避风险,运筹帷幄,督建校舍,管理学校,乃至于提出德育为首位、德才兼备的育人理念,等等,都做出突出的贡献。他为厦大的教育事业鞠躬尽瘁的高尚品德,永远值得每一位厦大人敬佩和称颂。

李光前与厦门大学

华侨旗帜陈嘉庚先生创办的厦门大学，至今已经历了七十二个春秋。七十多年来，她走过了一条由私立而国立、由国立而转为社会主义新型大学的曲折发展道路。

从1921年4月由陈嘉庚独资创办起，至1937年7月改为国立止，是厦门大学的私立时期。这期间，由陈嘉庚先生全力以赴、倾资办学，同时也得到包括李光前先生在内的爱国华侨的捐助，一共维持了十六年。这为尔后厦门大学的存在和发展，奠定了坚实的基础。

1949年新中国诞生之后，厦门大学获得新生，走上新型的社会主义大学的轨道。这期间，人民政府刚建立不久，百废待兴，广大海外爱国侨胞，本着热爱祖国振兴教育的精神，捐资支援国家兴办教育事业。李光前秉承其岳翁陈嘉庚先生"取诸社会，用诸社会"和爱国兴学、责无旁贷的意旨，慨然捐出巨资，为厦门大学扩建新校舍、改善办学条件，做出了举国同钦的突出贡献。

一

二十年代末期，由于日货的削价倾销和同行业的剧烈竞争，陈嘉庚的各项企业连年亏损，入不敷出。据他估计，1926年至1928年三年间，资产亏损四百六十余万元，其中厦大、集美两校经费即占一半左右。迨至三十年代初，资本主义世界爆发经济危机，陈嘉

---

* 本文原载于泉州华侨历史学会编的《李光前学术讨论会文集》，中国华侨出版社1995年版。署名为厦门大学工会秘书长黄宗实。

庚先生的企业更如江河日下，一蹶不振，而对厦、集两校，仍竭力维持。这时有人劝他"停止校费以维持营业"，他断然拒绝说："不！企业可以收盘，学校不能停办！"他一方面将所有企业改组为陈嘉庚的公司，力争每月支付两校经费五千元；一方面通过募捐、借款和变卖校产等方式，千方百计为两校筹款。在他的爱国兴学不遗余力的精神鼓舞下，许多爱国华侨如黄奕住、曾江水、叶玉堆、李光前等及新加坡群进公司，纷纷捐款相助。加之林文庆校长亲赴马来亚各埠筹得一笔款项，使厦门大学得以支撑下去。

这一时期，有关李光前先生对厦门大学捐款资助的情况，在厦大校史及有关资料中均有记载。如1932年6月25日出版的《厦大周刊》第十一卷第二十六、二十七期合刊有关"南洋华侨捐助经费"栏目下记述："最近本校承南洋华侨李光前先生，捐助本校经费计叻银一千八百三十三元七角六分，合国币三千五百元……先生热心教育，慷慨输财，本校除专函申谢外，特再登载于校史及本刊，以资表扬，亦示不忘云。"又据1936年出版的《厦门大学一览》有关校史部分记载："至民国十六年始，承黄奕住、曾江水、叶玉堆、李光前、黄廷元、林文庆、殷碧霞诸先生及新加坡群进公司，陆续捐助各项经费，合计国币二十万余元。想世风而起，踊跃捐助者，当不乏人，此物见其端而已！"另据陈嘉庚《南侨回忆录》（1946年3月新加坡南洋印刷社出版）记述："民国二十五年买树胶园四百英亩。成本十六万元，拟作厦大基金。每月入息约两千元。该款系向李光前、陈六使各捐五万元，陈延谦一万元，李俊承五千元，不敷由余凑足之。"在这笔基金中，李光前捐款部分占了37.5%。

以上历史资料表明，李光前先生在厦门大学初创阶段的私立时期，就曾给予办学经费的资助。这对于巩固厦门大学在当时我国高等教育的地位，帮助其岳父在经济竭蹶的境况下渡过难关，维持厦大的生存，起了重要的作用。

二

中华人民共和国成立以后,陈嘉庚先生亲眼看到,在中国共产党的领导下,人民政府重视教育事业,重视海外华侨对祖国的贡献,他深受鼓舞。觉得自己"有幸生长在毛泽东主席领导的时代,亲眼看到新中国站立起来,并能亲自参加新中国建设,这是一件大喜事"[①]。斯时,他虽年逾古稀,仍一如既往,不改初衷,为夺回因炮火对集美学校的破坏所造成的损失和为厦门大学的发展,为社会主义祖国教育的振兴而尽其天职,贡献力量。他在给集美学校校董会董事长陈村牧先生的一封信中表示:"今日人民政府成立,百废待兴,国民人人有责,如一家,如一村,如一族,痛痒相关,密切联系。就本省而言,吾人做官既非我愿,亦非所长。如教育方面,我有些钱,我当尽瘁终身。"[②]1950年9月,陈嘉庚先生回到故乡集美定居。此后,他为集美学校校舍的修复、校园的拓展和厦门大学校舍的扩建,倾注全部心血,运筹帷幄,决策于工地,为人民的教育事业尽瘁终身,贡献余热,揭开了陈嘉庚先生爱国兴学历史的新的一页。他一生为国家兴学育才,为民族振兴不懈奋斗,充分展示了"一辈子做好事,一贯的有益于人民"的"华侨旗帜,民族光辉"的崇高形象。

在陈嘉庚先生爱国精神的感召和激励下,李光前先生接受陈嘉庚先生的劝募,慨然捐赠港币六百万元,为厦门大学扩建了一批新校舍,为厦门大学的发展,做出了不可磨灭的贡献。

在指挥和主持厦大校舍工程扩建时,陈嘉庚先生设置厦大建筑部,指定建筑部主任,自己聘请工程师,自办砖瓦厂烧制砖瓦,石料就地开凿石山取用,木料则向本省林区采购,施工队伍直接由建筑部组织。总之,从备料到施工,他都全面筹划,事必躬亲,精打

[①] 陈碧笙、陈毅明编:《陈嘉庚年谱》,福建人民出版社1986年版,第211页。
[②] 任镜波主编:《陈村牧执教集美学校六十周年》,香港经济导报社1992年版,第224页。

细算，一丝不苟。他经常对管理人员说：华侨捐赠之钱来之不易，要节约使用他们的捐款，争取少花钱而多盖房，盖好房，发挥投资的最大效益。在校舍的建筑风格上，他主张古今中西结合，博采众长。他指出，盖房子别忘我国传统特色，但全部古式中式造价太高，我们负担不起，砌筑过程复杂，工期又长，房屋建成后也不一定适用；因此，要取古今、中西相结合，做到既保持民族传统风格，又降低工程造价，同时切合实用。他的建筑构思，从厦大初创阶段到解放后是一脉相承的，我们从演武场上的一字形五座大楼的外观，同解放后在海滨小山岗新建的以建南大会堂为中心的新五座大楼的外观，做一个比较，即可得到印证。

经过陈嘉庚先生的精心擘划、亲自督建，有关工程技术人员和全体基建工人的共同努力，从1951年起至1959年止，由李光前先生捐款、陈嘉庚先生主持扩建的新校舍，共计二十四幢，占地面积两万四千三百九十七平方米，建筑面积五万九千零五十七平方米，使用面积三万八千三百六十五平方米，建筑造价两百七十二万余元。总建筑面积相当于解放前全校建筑面积的一倍。其中，有可供四千五百人（实际安装座椅四千两百个）座位的建南大会堂，可容两千个座位的图书馆（成智楼）（按：现已另建图书馆新大楼，此楼改为历史系、建筑系和电子工程系的教学楼——笔者），有生物馆（成义楼）、数学馆（南光楼）、化学馆（南安楼）（按：现已另建化学系新大楼，此楼改为生物系实验楼和教学楼——笔者），以上五座统称为海滨"新五幢"。有教工宿舍楼"国光第一"至"国光第三"三座，男生宿舍楼"芙蓉第一"至"芙蓉第四"四座，女生宿舍楼"丰庭第一"至"丰庭第三"三座，厦大医院门诊部与住院部大楼"成伟"一、二楼两座。此外，还新开辟一个面积为一万九千四百平方米，看台（石阶座位）总长九千一百七十米，可容纳两万观众的体育场（上弦场），和紧连胡里山海滨的系列海水游泳池（包括比赛池、练习池、水球池和儿童池四个）面积六千平方米，此两项造价为二十万余元。由李光前先生捐资、陈嘉庚主持的厦门大学扩建工程，总计投资为二百九十三万余元。

刚步入五十年代初期的厦门大学，宽广的校园里，一座座白石朱顶、红砖绿瓦的高楼大厦拔地而起，巍峨黉宫屹立于碧波万顷的鹭江之滨，构成宏伟的气势和壮丽的景色，成为新厦大的独特标志！陈嘉庚、李光前热心教育、报效祖国的精神和"乡情国恩跃然于建筑物之上"，"使每一个人见了油然产生出敬仰与自豪的情绪"[①]。

三

为了永远纪念李光前先生捐资扩建厦大校舍的功绩，陈嘉庚同意李光前先生不用他自己的名字命名校舍的意见，而用李氏祖籍福建省南安县芙蓉乡的县、乡、村名、校名和他儿子的名字，来给新建的楼房命名，以示捐资建校永不忘，爱国爱乡世代传。这里，就部分建筑物名称寓意择要做个介绍，以启发和激励后来者发扬李光前先生爱国爱乡、热心公益、为国储才的崇高精神。

建南大会堂——取福建省和南安县冠头一字组合为建南，全称为建南大会堂。

南安楼——按照陈嘉庚先生初创厦大时以地名命楼名的旧例，以李光前先生原籍南安来命楼名。

南光楼，寓意有二：一是颂扬南安华侨捐资办学之光；二是从南安县名和李光前姓名两词各取一字组成有意义的新词，间接地纪念李光前先生捐资厦大的功绩。

芙蓉楼——以南安县梅山镇李氏家族各村总名旧称芙蓉乡而取之命楼名。

丰庭楼——丰庭是李光前先生宗族祖居地。

---

① 陈从周：《卓越的建筑家——陈嘉庚先生》，《厦门日报》1984年7月11日，第3版。

国光楼——李光前1943年独资创办的一所中学,当时取李光前的父亲李国专先生和李光前先生本人名字的第一个字,组合成国光,以命校名为国光中学。厦大扩建的教工宿舍也采用此校名命楼名。

成义楼、成智楼、成伟楼——此三座楼名系用李光前先生三个儿子的名字命名的。其含义,一方面纪念李光前先生捐助建校所做出的贡献,另一方面,也期望李光前先生的后代能继承父志,继续捐资办教育,为社会做贡献。成智楼原是图书馆大楼,人们原来不解其义,把它理解为"获取知识,成就学业",这就更加巧妙。因为进入图书馆借阅图书,在于博览群书,增长知识,将来定会有成效的。

上述楼、堂名称的来历和寓意,过去鲜为人知。原因与当时的国际形势和厦大所处的政治环境有关。关于这些楼名秘而不宣,不向师生,特别是每年入学的新生,做解释,这个历史原因,厦大校史曾做了记载:1965年春,李光前先生回祖国观光和治病期间,曾由伍远

李光前全家合影,中有他三个儿子,后排右起为成义、成智,前排中为成伟

资先生陪同到厦门大学参观。厦大王亚南校长予以热情接待，并陪同李光前先生参观游览厦大校园。过后，李光前先生回到梅山，嘱托伍远资写了一封信给王亚南校长，查询厦大解放后的发展情况。随后王校长即给伍远资复了信，赞扬李光前先生热爱祖国，关心文教事业的崇高精神，详细地介绍了他捐资兴建的校舍的过程和成绩，同时说明对其业绩未加公开宣扬的原因，指出校舍落成之时，"各楼顶端皆砌有李先生家属名字，学校验收皆注有李光前先生捐资兴建字样"。党的十一届三中全会之后，落实党的各项政策，实行对外开放，有关爱国华侨李光前先生捐资兴建厦大校舍的事迹，陆续在校刊《厦门大学》和其他报刊上发表[1]；李光前先生爱国爱乡的精神和他的伟大人格得以传播于海内外。李光前先生九泉有知，当可从中得到慰藉。

1993年5月初稿

1993年8月二稿

参考文献

陈碧笙、杨国桢：《陈嘉庚传》，福建人民出版社1981年版。

陈碧笙、陈毅明：《陈嘉庚年谱》，福建人民出版社1986年版。

陈嘉庚：《南侨回忆录》，新加坡南洋印刷社1946年再版。

全国政协文史资料研究委员会、全国侨联、福建省政协编：《回忆陈嘉庚》，中国文史出版社2013年版。

陈天明：《厦大建筑概述》，陈天明编著：《厦大校史资料·第八辑》，厦门大学出版社1991年版。

王增炳、余纲：《陈嘉庚兴学记》，福建教育出版社1981年版。

---

[1] 林祖谋等编：《厦大校史资料·第三辑》，厦门大学出版社1989年版，第26页。

诚毅两字心中藏 亮节高风启后人

——纪念陈村牧先生诞辰一百周年

今年是著名教育家、陈嘉庚精神的忠实追随者和陈嘉庚事业的卓越实践者、集美学校老校长、厦门大学老校友陈村牧先生诞辰一百周年。在缅怀先生一生献身于祖国的教育事业，为集美学校的建设与发展奋斗一甲子的光辉业绩和崇高的品格的时候，不论是集美学校的万千学子和厦门大学的同窗校友，也不论是在风雨如晦的旧中国于集美学校同生死共命运的众多师友，或是新中国成立五十多年来为集美学校的发展而共同奋斗的新老同事，无不从内心里对先生产生深挚的忆念和无限的崇敬。

陈村牧先生生前长期在集美学校工作，曾担任集美中学校长、集美学校董事长、集美校友总会名誉理事长、厦门大学校友总会副理事长。同时还曾担任福建省政协常委、厦门市农工民主党名誉主委、福建省金门同胞联谊会顾问、厦门市金胞联谊会名誉会长、集美学校委员会顾问等职。陈村牧先生于1996年8月29日因病在集美逝世，享年九十岁。

陈村牧先生原名春木，字子欣，1907年11月出生于福建省金门县后埔镇。1920年进入陈嘉庚先生创办的集美中学学习，1924年因在校品学兼优而获得"成美储金"资助，保送进入厦门大学预科学习，毕业后于1927年升入厦门大学文学院历史系深造，1931年1月毕业获文学学士学位，是厦门大学第六届毕业生。学成后即回

本文原载《厦大校友通讯》2007年第1期。

陈嘉庚与陈村牧

诚毅两字心中藏 亮节高风启后人

到他中学母校集美学校服务，应聘为集美中学历史教员，担任高中、师范中国文化史和西洋史课程的教学。第二年，升任该校学生第二训导区主任兼教员。1933年2月辞去集美中学教职，应聘为厦门大学高中部教员。9月重返集美中学任教。1934年接任集美中学校长。1936年又兼任集美师范学校校长。1936年12月，陈村牧先生辞去两校校长职务，应聘为马来亚麻坡中华中学校长。在赴任的轮船上，同船的厦大原历史系教授薛永黍邀他同去新加坡华侨中学工作。1937年1月陈村牧抵达新加坡后，经陈嘉庚先生裁定，陈村牧先生担任新加坡华侨中学训导主任。同年5月，陈嘉庚聘陈村牧为集美学校校董，总董集美学校大政。1937年6月全面抗战爆发前夕，他欣然接受陈嘉庚聘请回国，在集美学校主持校董会工作，管理师范、中学、水产、航海、商业、农林和小学等校。

1937年7月，全面抗战爆发，为了坚持办学，陈村牧先生镇定指挥，亲自带领集美各校一千多名师生，携带大量图书仪器，安全迁入内地安溪、南安、大田等地，合并成立集美联合中学，并亲任校长。1941年太平洋战争爆发，侨汇中断，办学经费失去来源，陈村牧先生多方筹措经费，艰苦维持正常教学，直到抗日战争结束。抗战胜利后，陈村牧先生又积极筹备复员工作，把学校迁回厦门。在陈嘉庚先生的关怀领导下，他精心筹划校务，带领师生迅速恢复旧貌，使集美学校重现新颜。

1949年新中国诞生前后，在外部条件极为险恶、办学护校条件极端困难的情况下，陈村牧先生以百折不挠的精神，领导师生坚持教学，做出艰苦的努力，深受陈嘉庚先生的赞扬。

除集美学校外，陈村牧先生早年还接受华侨李光前先生和刘玉水先生的委托，创办南安国专小学、国光中学和惠安荷山小学、中学，为侨办教育事业做出了积极的贡献。他热心社会公益事业，参与创办集友银行和同民医院等。

1956年以后，集美校董会改为私立集美学校委员会，陈村牧先生调任集美华侨学生补习学校副校长，同时兼任集美学校委员会委员。"文化大革命"期间，学校正常秩序被破坏，教学工作无法进行。1972年集美侨校停办，陈村牧先生被下放集美中学图书馆担任书库管理员。虽身处逆境，但始终忍辱负重，胸怀诚毅，矢志不移。1980年集美学校委员会恢复活动，他被聘为顾问。同年4月，厦门大学校友总会恢复活动，成立校友总会第一届理事会，被推举为副理事长。1980年10月，集美学校校友总会恢复活动后召开第一届理事会，他又被推举为理事长（按：该会于1952年停止活动。此次理事会讨论了今后工作计划，修订了总会章程，并发表《致海外校友书》和《告台湾校友书》)。此后，他一直以校友总会理事长、名誉理事长的身份，也以厦大校友总会副理事长的身份，接待海内外数以千计的两校（集美、厦大）校友，为宣传弘扬陈嘉庚精神和团结海内外校友，关心支持集美学校和厦门大学的建设和发展，做了大量卓有成效的工作。深受海内外校友的赞扬和崇敬。

进入八十年代之后，陈村牧先生已年逾古稀，但仍以最大的热情投入新的工作。在1981年纪念陈嘉庚先生逝世二十周年和1984年纪念陈嘉庚先生诞辰一百一十周年期间，他先后发表《伟大光辉的一生》《兴学育才老而弥坚》和《学习陈嘉庚先生伟大精神》等三篇文章，全面系统介绍陈嘉庚先生的爱国主义精神，讴歌陈嘉庚是一位爱国兴学的实业家，鞠躬尽瘁奋斗终生的教育家和紧跟时代前进的政治活动家。1983年，他倡议在集美学村设立陈嘉庚生平事迹展览馆和陈敬贤生平资料陈列室，得到上级和集美各校的支持。他不辞辛劳，对每一件展品、文章均一一认真审阅和修改，亲自领导完成这一工作，向青少年和广大集美校友和海外游客宣传陈嘉庚的爱国之心、报国之行、艰苦奋斗、勤俭奉公之精神。1982年，他率领集美校友代表团访问香港，倡议成立香港集美校友会。1984年年底，他发起成立陈嘉庚研究会和创办会刊《陈嘉庚研究》。他还亲自参加整理编辑《陈嘉庚教育论文集》和倡议编写《集美学校八十周年》校史。

他对母校厦门大学怀有很深厚的感情，只要母校需要，他总是热情地为母校服务，直至他的晚年仍然如此，不改初衷。抗日战争时期，他从1942年起，连续担任历届校友总会的理事和监事或副监事长等职务，热心为母校和校友服务。

他当时任内迁安溪的集美中学校长，曾为不少厦大毕业生的就业操劳，有的毕业生直接到集美中学和南安国光中学、惠安荷山中学任教。抗战胜利后，厦大和集美中学复员，回到厦门和集美原址办学。他仍一如既往，为母校毕业生介绍就业。上世纪八十年代，陈村牧先生年逾古稀，仍为母校竭尽全力，在担任校友总会副理事长期间，积极参加各项校友活动，多次陪同陈嘉庚先生和李光前先生的亲属、后裔参观母校，为母校的发展建言献策。

1991年9月，集美校委会和集美校友总会隆重召开庆祝陈村牧先生执教集美学校六十周年大会。各界知名人士、海内外校友和集美学村各校师生代表一千多人出席大会，肯定了他对集美学校教育事业所做出的无私奉献和他的高尚品质。在庆祝大会的同时，由集美校友总会理事长任镜波先生主编、香港经济导报出版社出版的《陈村牧先生执教集美学校六十周年》同时在海内外正式发行。书中发表了中国科学院原院长、厦大校友卢嘉锡教授，中科院院士、厦大和集美校友蔡启瑞、张乾二，以及著名学者、书法家虞愚教授等为庆祝大会的题词，对陈村牧先生的师德风范和对集美学校的贡献给予很高的评价。

陈村牧在工作中

陈村牧先生从上世纪二十年代开始就离开他的祖籍地金门，在集美学校和厦门大学毕业之后就到集美学校服务，成为陈嘉庚先生爱国兴学的忠实实践者和学习弘扬陈嘉庚精神的楷模。他把集美学校当成自己的家，把陈嘉庚创办的集美学校的事业作为自己终生的事业，把自己的一生都与集美学校联系在一起，实属前无古人、后启来者的典范。我们纪念陈村牧先生，就要学习陈先生为国家的富强和民族的振兴，鞠躬尽瘁无私奉献的崇高精神，学习他始终把"诚毅"藏在心中，以此来践行教育事业，为国家培育万千英才。学习他艰苦奋斗努力前行，不论身处顺境或逆境，都以乐观向上的精神，以自己的生命同集美学校同呼吸共命运，殚精竭虑去实现陈嘉庚先生"为国家和民族的教育事业做出无私奉献"的理想，为中华民族的伟大复兴而做出卓越贡献。

　　先生的精神和功绩，可与五老峰争高，与鹭江水比长！

作为爱国教育家的林文庆

身后声名谁管得,一樽愁绝思明州。

这是前新加坡大学名誉教授、已故的新加坡著名教育家、厦门大学校友陈育崧先生在他所著的《林文庆传》一书结尾的两句诗。诗中既寄托了作者对老校长林文庆博士的哀思,同时也是对这位新加坡华人社会传奇式人物萧条冷落、默默无闻的晚年,所发出的感慨。

其实,作为一个历史人物,其声名毁誉,只要不抱任何历史偏见,社会是会给予公正评价的。作为辛亥革命的支持者,林文庆,在他的早期政治活动中,是海峡殖民地一个具有进步思想的改革家,所以,在近年国内出版的《中华民国史》和《民国人物传》里,林文庆的名字及其生平事迹,是记载于史册的,其功绩是不可磨灭的。

在林文庆的一生中,还有值得后人赞颂的一段历史,那就是他早年在新加坡兴办华文教育事业以及担任厦门大学校长(1921—1937年)的十六年所建树的业绩。应该说,就他一生功过而言,在从事教育的这段历史里,给他一个"爱国教育家"的称号,并不过分。本文主要记述林文庆出长厦大十六年所做出的工作成绩及其对中国近代高等教育的发展所做出的贡献。

"止于至善"校训的提出

1921年6月,陈嘉庚先生创办的厦门大学刚刚开学一个月,原

本文原载《厦大校友通讯》1987年第6期。

任校长邓萃英辞去校长之职,林文庆即应陈嘉庚邀请,由新加坡回国,接长厦门大学。在林文庆看来,担任大学校长,正是他施展个人的抱负、实现平生志愿的一个大好时机。这正如他在一年后的《校长报告书》所说的:"本校校务之进行方兴未艾,建筑之进步甚速,教授之成绩亦优。各处青年学生向本校请愿者络绎不绝。故鄙人对于本校之前途实抱乐观焉。"

林文庆

林文庆(1869—1957),字梦琴,祖籍福建海澄,出生于新加坡。他是英国爱丁堡大学内科学士、外科硕士,香港大学名誉博士。他出生在一个典型的基督教家庭,从小就接受西方的教育,接受了西方文化的熏陶。同时,在他青年时代,又进入新加坡福建会馆附设的书院,接受中国传统的文化教育,学习"四书五经""论孟学庸",

受到儒家学说的影响。由于他所受中西文化的比较教育，他自认为，大学教育必须兼收中西文化的特点，而反对全然西化的主张。他还认为，中国古代文化，特别是儒家学说，要是能适当地加以运用，那就可以成为培养和造就民族领袖的最佳方法，而这种领袖就是孔子所说的"君子"。因此，在他就任厦大校长之初，就为厦大设计一个校徽，制定了"止于至善"的校训。他提出，培养领袖人物"其原动力在于博爱，其进行目标为使吾人竭力行善"（《厦门大学十周年纪念刊》第6页）。他认为培养君子之道就是"在明明德"（有高尚的思想道德），"在亲民"（亲近民众，服务人群），"在止于至善"（通过科学文化的学习和道德的训练，达到至善至美的思想境界），中国现时所需要的领袖人物，就是这种能够促进社会、造福人类的"君子"。

教育思想与人才培养的六要素

林文庆对于办大学，自有他一套思想主张。他认为"大学为社会思想的中心，同时亦是科学研究中心"，这里的"思想"一词，包涵着"教育"的意义。可以说，林文庆要把大学办成"两个中心"，是有远见卓识的。他在为厦大制定的"校旨"（即学校办学的宗旨）中明确地提出："本大学之主要目标，在博采中西各国之学术及其精神，以研究一切现象之底蕴与功用，同时并阐发中国固有学艺之美质，使之融会贯通，成为一种最新最完美之文化。"他提出大学教育除传授基础知识、指导专门研究以外，还必须注重道德的训练，也就是要以中国儒家学说的道德观念教育学生。他指出，厦门大学的目标，就是把道德训练和技术上、职业上和文学的训练结合起来，以便培养国家的优秀人才。

林文庆心目中的"君子"，也就是人才，是要在道德上、作风上、能力上、生活上具备六个要素。他说："我以为学生应有的要素，一为高尚理想,二为反省功夫,三为坚决意志,四为文雅习尚,五为自治能力,六为利他精神。学生具备这六种要素,那不但可以增长见识,提高学问,而且可以养成克己的能力。如果于这些要素或缺其一,即已不能得到平行的发展。"应该指出的,林文庆要求的人才标准,是有它特定内涵的,我们决不能以今天的标准来苛求于前人。但应该肯定的一点,就是他是吸取了中国古代传统文化中的合理部分而概括出来的,在每一个要素中,都是他所处的时代所赋予的特定的内容。而这些内容,当然也不能不受着时代的历史的局限。

精心擘划 谋求厦大的自强和发展

在任职厦大的十六年中,作为一个爱国的教育家,林文庆时时受着陈嘉庚先生倾家兴学的爱国精神的鼓舞。他认为陈嘉庚的精神最主要包括着两个特点,一是大公无私、"天下为公"的精神,一是"利他而肯牺牲"的精神。在办学过程中,他也是以此精神为精神,一心一意为办好学校而"勤劳白矢,莫敢遑息",为陶铸青年、乐育英才而奋斗不息。

首先,他为厦大制定了"大纲",确定办学的大政方针,指明了学校的具体目标和长远发展前景。在他任职期间,从初创时期制定的《厦门大学大纲(1921—1922)》《学生通则》《厦门大学校董会章程》以及学生各社团组织的有关规定,直至进入巩固期再进行补充修改的各种规章制度,以及《厦门大学优待教职员规则》、《暑期学校简章》(指利用暑期开办的各种培训班)、各学院学则等,无不包含这位校长的精心擘划的心力和劳作,也无不反映着他主张用中国固有的道德,即孔孟之道,来培养学生的教育思想。这些办校纲领和规章制度的制定,在当时,对创立和完善学校的教育体制和具体的教学制度、人才培养内容和培养目标,起了一定的积极作用。对于造就有较高的道德水准和专业知识的高级专门人才及厦大教育事业的发展，也起到很好的推动作用。

林文庆根据他的教育思想和办学宗旨来指导他的行政管理和教学工作，应该肯定的是，十六年的校长任内，他辛勤劳作，殚精竭虑，为谋求厦大的自强自立，为国储材，其功绩是不可磨灭的。这主要表现：

（一）创立了兼有中西方大学特点、开放型的院系和学科的教育管理体制和教学制度，并促使其逐步的完善和扩大。学校初创时，仅设师范（包括文科、理科）、商学二部，以后又陆续增设工学、新闻、医药、法学等科系。同时附设预科（后改为附设高中）和实验小学等。1926年还设立当时全国私立大学中唯一的国学研究院。系科设置不断调整和扩大，到1931年4月校庆十周年时，厦大成为一所设有文、理、法、教育、商五个学院、二十一个学系的比较完善的多科性大学。到1937年林文庆卸任前，厦大成为设有三院（文学、理学、法商）九个系的一所私立大学。

（二）校舍的建设。从创立初期到校庆十周年时，校舍共建成四十多座，总面积五六万平方米。这批建筑群，使得演武场这块荒凉的海滨山地，变成一座学宫巍峨、花木繁盛、"风景佳绝"（鲁迅语）的海岛高等学府。这里还要特别提出的是，各座教学大楼和宿舍楼的命名，也多是林文庆依据他的教育思想和人才培养的方针而颇费心思地提出的。据他在一次报告里提到的，群贤楼落成时，曾提议采用当时主持学校董事会工作的常务校董、陈嘉庚先生胞弟陈敬贤的名字，命名为"敬贤楼"，但因为陈嘉庚先生不同意，结果才从王羲之的《兰亭序》中的"群贤毕至、少长咸集"中取其开头的二个字，即"群贤"来命楼名。其余如"囊萤""映雪""博学""笃行""兼爱"等，无不取自古人发愤读书的典故或诸子百家中的经典名句。其本意在于鼓励学生勤奋攻读，教师博学多才、慎思笃行、为人师表，这些意义是可以理解的。

（三）学校经费的筹措和他个人的奉献。从1921年厦大创办到

1928年止，学校经常费和设备费共开支两百五十多万元，这笔经费几乎全是陈嘉庚先生独自负担的。但是在二十年代末到三十年代初，由于资本主义经济危机，陈嘉庚经营的企业大受亏损，他要独力维持厦大和集美两校的经费感到困难了。为了不致使厦大停办，陈嘉庚和林文庆采取向华侨募捐、变卖厦大校业以及借债等办法，筹措学校经费。这一时期，一些爱国华侨先后捐款资助本校，如黄奕住、曾江水、叶玉堆、李光前、黄廷元等先后捐助二十多万元。1930年以后，当时的国民党政府也给一定的补助款。

为了维持厦大的生存，林文庆为学校的经费而奔走筹措。一九二七年，他把当年他的全部薪水六千元，悉数捐为学校经费，他的夫人殷碧霞女士也给学校捐助款项和产业（旧屋地）。他又想方设法，节约学校开支，以维持正常的办学经费。1935年年初，他亲自带领两名教员前往南洋新马一带向华侨募捐。当时南洋各地也受到资本主义不景气的影响，华侨经济收入也不宽裕。但是，六十七岁的林文庆，却不辞辛劳，四处奔走，为厦大经费而求助于华侨，"他每天都是五时左右起床，九点多钟出发工作，一直到晚上一二点钟才得睡觉。他每天沿门扣户募捐，说了不少的话，跑了不少的路"（曾郭棠：《林校长在星洲的地位及其为厦大奋斗牺牲的精神》）。不少华侨深为感动，热情伸出援助之手。结果，募得三十三万多元的经费，超过原来陈嘉庚先生估计的两倍多。

林文庆不仅到南洋募捐，而且在国内，也向国民党政府请款。"一年中他几乎半年在校内，半年在校外。半年在校外，就是要在五个中心去接洽联络，这五个中心是南京、上海、福州、广州和南洋。"由于林文庆的努力，终于使得学校经费有了着落，保证了学校的正常教学，使私立时期一直延续了十六年之久。这在当时屈指可数国内私立大学也是难能可贵的。

（四）多方延聘国内外著名学者专家来校任教，建立一支实力雄厚的师资队伍。作为学者的林文庆校长，他认为学校要办成"既是社会思想的中心，又是科学研究的中心"，非有学识渊博的著名教授来充实教师阵容不可。当时的厦大，由于经费能按时核拨，教师待遇比一般私立大学优厚，生活安定，加上学校地处海岛，少受当时政治不安定的局势的影响，工作条件也好，因此，不少著名教授学者愿意应聘来校任教。这一时期先后来校任教的知名人士有：国学研究专家、文学家陈衍、林语堂、孙伏园、台静农、鲁迅、余謇、李笠；语言学家罗常培、沈兼士、周辨明；哲学家朱谦之、张颐、容肇祖；史学家张星烺、顾颉刚、薛永忝、郑德坤；教育学家孙贵定、朱君毅、杜佐周、钟鲁斋、吴家镇、姜琦；化学家刘树杞、丘崇彦、张资珙、刘椽；生物学家秉志、陈子英、钟心煊、钱崇澍；数学家姜立夫、杨克纯（杨振宁之父）、张希陆（南开大学创办人张伯苓之子）；物理学家朱志涤等。还有美籍教授莱特、德籍教授艾锷风、俄籍教授史禄国、英籍教授乐柏兹、瑞士籍教授戴密微等。

（五）注重人才培养和科学研究。在林文庆任职的十六年中，共有十一届本科毕业生计五百七十四人，其中有不少毕业生走上社会后成为优秀人才。如现在本校任教的蔡启瑞、傅家麟和在集美的教育家陈村牧，在国家科研部门的如原中国科学院院长卢嘉锡、中科院海洋研究所原所长曾呈奎、四川大学原校长柯召，在国外有已故的美国籍动物学家顾瑞岩等等。至今在港、澳、台地区和南洋各地，仍有不少服务于政界、财界和教育界的杰出人才。

由于本校地处厦门，内通大陆，外接重洋，同海外的关系密切，在人文科学和海洋科学的研究方面，有着得天独厚的优势。林文庆强调学校应"注重各学科研究之工作，以期养成真正研究之精神"。当时，科学研究取得成绩的，有文科的教育学和理科的海洋生物学等。三十年代，本校教育学院聘请了一批著名教育学家来校任教，除组织学生外出考察教育外，还出版了教育丛书、研究丛刊等，有些教育学专著被列为全国通用的大学教材或参考书。1926年还设立了哲学社会科学专门研究机构——国学研究院，出版了《国学研究院周刊》《国学季刊》等。该院还招收了一批研究生，分别从事文学、哲学、史学、语言、艺术等方面的研究。理科的海洋生物学的研究，在三十年代居于全国大学海洋学研究之前列。当时除采集到一批海洋生物新种外，还对厦门特产文昌鱼进行专题研究，取得举世瞩目的成就。从1930年起，每年暑期还在本校举办全国性的暑期生物研究会，先后举办了五次学术研究活动。同时，成立了中国海洋生物学会，在本校设立海洋生物研究场。

由于历史的和社会的原因，晚年的林文庆博士，在新加坡过着隐居的生活。他虽然在政治舞台上默默无闻，但作为一位教育家，作为闽南高等教育的拓荒者，他依然眷念着厦门大学，希望其事业能够不断发展。难能可贵的是，在他辞世之前，仍然不忘对厦大有所奉献。他立下遗嘱，将他在新加坡的财产银行定期存款四十五万多元新加坡币，划为五等分，其中五分之三的份额，捐赠给厦门大学，作为学校的收益（其余两个五分之一份额分别转给新加坡大学和他的长女爱纳德夫人①）。

1988年1月，林文庆的儿子林炳汉、林炳添遵其先父遗嘱，又将属于他个人房产的位于鼓浪屿笔架山5号地列2549号的一幢别墅（面积1 018平方米）及庭园（总面积4 316平方米）捐赠给厦门大学，供作疗养或兼慈善机构之用。

对于林文庆博士的身后声名，后人虽有不同的评价。但他热心公益事业，关怀厦大的进步，突出体现了这位教育家的优良品格。这是值得我们称颂的。

---

① 林文庆与原配生有二女，名月明、月清，另续弦殷碧霞，又抱养一女名月梅，自生一个名月卿，故林文庆有四个女儿。这里的爱纳德夫人，是指林月明，她后来嫁给一个英文名为爱纳德的男人。我在写这个文章时参考的是陈育崧著的《林文庆传》中的资料，不好随意改为中文名，恐出差错。

苟利国家生死以 乐育英才汀江边

——长汀时期厦大校长萨本栋

1937年7月，年仅三十六岁的萨本栋博士，从北京的清华园到了鹭江之滨的厦门大学。在烽火连天、国难家仇的年代，他毅然担任了改归国立的厦门大学的第一任校长。

摆在这位年轻学者面前的任务是艰巨而复杂的。但是，隆隆炮声没有打乱他科学家深邃的思维，弥漫的硝烟没有模糊他洞察一切的眼光。凭着对灾难深重的祖国的忠诚和热爱、对复兴厦大为国储材的坚定信心，以及对教育事业的高度负责精神，在仅有数月的鹭岛视事、开学复课于鼓浪屿以及尔后长达七年播迁学校于山城长汀的艰难岁月里，萨本栋苦心孤诣、惨淡经营，为抗日战争时期的东南半壁河山保全了一所高等学府，为厦门大学的生存和发展，做出了声震华夏、誉满海外的办学业绩，在厦门大学历史上立下了一座光耀千秋的丰碑，同时给尔后一代又一代的厦大人，以及福建人民，乃至于整个中华民族，留下宝贵的精神财富——厦门大学的"长汀传统"和"本栋精神"。

今天，在厦门大学跟上伟大祖国改革开放、建设有中国特色的社会主义的步伐、即将跨入21世纪、办成国内一流、国际上有较大影响的社会主义综合性大学的新的发展时期，回顾长汀时期的历史，缅怀卓越的科学家和杰出的教育家萨本栋主持厦大校政的业绩，

---

* 本文系1995年8月参加由厦门大学与长汀县政府在长汀县联合举办的纪念抗日战争胜利五十周年学术研讨会的论文。

总结"长汀传统"和借鉴发扬"本栋精神",仍然具有重要的积极的意义。

一

全面抗战爆发后,形势万分危急,日本侵略者扬言要在三个月内亡我中华,分南北两路同时向我进攻。当时许多大学纷纷向大西南内迁,敌机不断扰我东南大门,厦门岛情势也日趋危急。新任厦大校长的萨本栋,临危不惧,指挥若定:一方面将师生移入"万国领地"鼓浪屿,借用教会学校的部分校舍作为临时课堂,坚持正常上课;一面作出果断正确的决策,决定把学校迁至闽粤赣交界的山城长汀,为东南地区保全一所高校,以便于闽、赣、粤、浙、苏等省的青年学子就学。

从播迁长汀的过程中,我们可以看到,萨本栋不仅是一位杰出的学者,而且是一位令人敬佩的杰出的行政领导者。他的果断决策,为厦门大学赢得声誉,也为莘莘学子赢得求学深造的时间。他连续七年的执长厦大和坚持教学第一线的丰富的实践,为厦门大学创造了赤诚爱国、民族与国家利益至上的崇高精神和勤奋、朴实、活跃的优良校风,形成为后人所称颂、影响深远的厦门大学"长汀传统"。

"长汀传统"的核心是赤诚爱国,戮力同心办好厦大。当时有个口号是"读书不忘救国,救国不忘读书",虽然这个口号有它的偏颇之处。但是当时全校师生,确实抱着一颗爱国之心,在萨本栋校长的指挥下,以卧薪尝胆、努力读书和专致教学、谋求厦大的稳定发展为己任,以长汀为大舞台,演出了一个又一个令人叹服令人鼓舞的话剧。

当然,在当时祖国处于危难之际,仅靠"教育救国"、教育兴邦是不可能的。我们也不能因此而苛求于只是一名教育家科学家而非政治家的萨本栋能够从政治上去认识中国的前途与命运。但是,萨本栋的爱国精神，他办学过程中所体现出来的爱国热情和负责态度，却对广大师生产生良好的思想效应。我们可以从萨本栋的不畏强暴爱护青年学生，千方百计排除反动势力对学校秩序的干扰，带头发起通电痛斥汪精卫卖国投敌的罪行，支持学生下乡作抗日宣传的行动等方面，看出他爱国兴教的可贵精神。

　　这种爱国主义的传统，其渊源出自本校创办人陈嘉庚先生倾家兴学的崇高爱国精神，其延续和继承并发扬光大则是在抗日战争的大环境中，在全民抗战的政治氛围的涵盖下，这种爱国主义传统概括起来是：一，抗日救亡，明耻教战。早在全面抗战初期的厦门校址，广大师生就积极投入抗日救亡运动，除开展宣传工作外，还组织了救国公债募购委员会和国立厦门大学学生服务团（后来改为战时后方服务团）；学校播迁长汀后，从1938年元月开始，由学生救国服务团带领的学生抗日救亡宣传队，就在长汀县城广泛开展宣传活动。宣传的形式，除印发宣传提纲深入群众访贫问苦，晓以民族抗战大义外，还有戏剧表演，教唱抗日歌曲，创办抗日刊物《唯力》等。进入暑假，又扩大宣传范围，组织了瑞金宣传队和闽南工作队，分赴两个地区进行宣传发动。寒假期间，又组织工作队赴长汀县郊各乡进行扩大兵役宣传及慰劳出征军人家属。除全校男女生四百人组成二十多个工作队外，还有部分教授自动参加。二，口诛笔伐，痛斥汉奸卖国贼汪精卫。1938年12月，汪精卫公开投敌叛国，激起全国人民的愤怒声讨。1939年1月，萨本栋校长暨全体教授发出通电，怒斥汪逆丑行，指出汪逆的行为"实属丧心病狂，置国家民族于不顾"。其后于3月间，萨校长又与全体师生员工声讨汪精卫在南京成立伪组织，指出汪逆"认贼作父，卖国叛党，丧心病狂，莫此为甚"。三，多方筹募捐款慰劳前线将士和慰问烈士家属以及在长汀建立"抗战阵亡将士纪念碑"等。四，以欢迎南侨总会主席、本校创办人陈嘉庚先生莅汀视察厦大为契机，扩大爱国抗日的宣传教育，进一步激发厦大师生的爱国主义精神。1940年11月，陈嘉庚在带

萨本栋与陈嘉庚，一九四〇年

领南侨总会慰劳团回国慰劳抗战将士期间，到长汀视察厦门大学，萨本栋校长在《陈嘉庚先生莅汀欢迎词》中，不仅高度赞颂陈嘉庚先生的事业、人格、精神，指出这些"在在足为全国同胞之楷模"，同时号召全校师生"勿忘先生之事业，先生之精神人格，以及先生之识力眼光。时时引为楷模，时时求所以副先生之期望，庶无负先生拳拳爱国之忱"。陈嘉庚先生的莅汀视察，其爱国爱校的言行，对处在抗日烽火中的厦大师生，是一个极大的鼓舞和教育，也使得长汀时期的爱国主义传统增添了新的内容，体现了厦门大学的爱国主义传统的一致性和连续性。

勤奋好学，蔚然成风，这是"长汀传统"的第二个重要内容。萨本栋校长从接任的第一天起，就一再教导学生，要珍惜光阴，要珍惜幸运的环境，学好本领，贡献社会，造福于国家和人群。他恳切地说："我们希望新旧同学，都能切实了解幸运得到的不易，而尽量利用这幸运的环境，在学年开始的现在，下一个最大的决心，就学业方面、做人方面以及后来就业方面，总之要在终身事业方面，立下一个宏大的志愿，不要辜负国家和师长的殷望。"

在萨校长的恳词勖勉和谆谆教导下，厦大师生始终把教学和学业看成"国魂所寄托的事业"（萨本栋语），在艰难曲折和战乱环

苟利国家生死以 乐育英才汀江边

境中，矢志不渝，团结勤奋，勤勉工作，努力学习，并且形成一股强大的推动力，举校上下努力，务求学业有成，为学校争光。一批在长汀授业和毕业的校友，在他们的事业成功之时，无不以激动的心情，回忆当年长汀时期的学习生活。旅美校友朱一雄（1947级中文）在台湾校友会编印的《厦门大学七十周年校庆特刊（1921—1991）》一书中插入他的一幅生动描绘当时长汀学习环境的水墨画《薪传——长汀时期的通草芯菜油灯》，同时还配了校友严少颖写的两句诗"黉宫薪火断续中，草芯油灯焚继晷"，形象地描绘了当年同学的勤奋学习的情景。旅菲校友邵建寅先生1986年校庆六十五周年返母校时，在一次海外校友座谈会上深情地回忆说："厦大在长汀时期，虽处于较差的环境，但是同学们刻苦学习、俭朴的作风，至今仍使我们记忆犹新。好的校风，方能培养出好的人才，也才显示学校的伟大。"校友庄汉卿也在同一次会议上说："那时在长汀生活很苦，缺水缺电缺教室。因为教室和课桌椅不足，轮班上课，从早晨天未大亮的六点钟就上课。但是老师和同学对此都无怨无悔，坚持上课，努力学习。萨校长的认真工作严格要求是很感动人的。由于形成刻苦的学风，使得学校声誉日隆，成绩斐然，结果经过1939年和1941年两次全国学生学业竞试，母校都获得冠军，从而在国内外出了名，使我们受到莫大的鼓舞。"校友张存浩说，在长汀的厦大，学生的课外自修很自觉，每天"一走进图书馆，大小阅览室，到处鸦雀无声，一排排书桌前，学生们都在聚精会神地攻读"。现厦大海洋系退休教授丘书院，在当时的一篇文章《我爱厦大》中写道："厦大的同学实在太勤勉了。厦大同学可说大部分都是敬惜光阴、爱书如命的英雄好汉，无论上课或节假，无论在图书馆或野外，你常可发现他们不是在温习功课，便是在阅读书报，这种勤勉的风气是造成厦大声誉的主要原因。"

朴实俭约，安贫乐道，这是构成厦大"长汀传统"的第三个内容，这个内容体现在工作作风和生活作风两个方面。而工作的"朴实"

则体现在治学和学术风气方面。萨校长是个严谨求实的学者，他在工作作风上率先垂范，严格要求自己，在生活上能与师生同甘共苦，同舟共济，因而带动全体师生员工，经受战争所带来的种种意想不到的困难的考验。同时他对青年学生也提出殷切的期望和严格的要求。他在《勖勉同学词》中反复提及，"自奉应俭约，工作应紧张""在艰危中须特别努力份内职务""对于正在试验中而成绩尚未表现的事业，千万不要大吹大擂""移入乡村，不当常说'这地真糟，什么东西都没有'，应时时想'此处尚好，还有不少人物'"。

面对抗战形势的严峻、山区条件的简陋、物质的匮乏以及来自战区的各地学生的贫寒穷愁，靠什么来维系学生的精神支柱呢？除了爱国的思想，主要靠艰苦朴实、共渡难关的优良校风的养成。萨校长强调这种俭约风气的形成之必要时说："际兹危急存亡千钧一发之秋，厥惟实行节约，以补生产之不足……设地无分东西南北，人无分男女老幼，激发天良，茹苦含辛，备尽所能，各献所有，合千万人之人力物力，累积为雄厚之生产资本，可以用之不竭取之不尽矣。"

萨校长勉励有加的言论和他本人的表率作用，使这种朴素俭约、安贫乐道的校风得以形成并深入人心，成为人们自觉的行动。这种可贵的风气，也使得留学欧美曾过着优裕的现代生活的本校教授们深受教益。教务长周辨明教授在回顾厦大由厦门迁校长汀之后的变化时，生动地描述了这一转变的情景："从十里洋场的厦门到七闽穷僻的长汀，从雕栏石砌的高楼大厦，到画栋剥落的破败庙宇，从贵族到平民，从繁华到朴素；这期间，转变得太可惊人了。不过这一转变对于重生的厦大，却是十分有利的，这种经验可以说是有钱没处买的。"

加强基础课和实践技能的训练，强调教学质量的提高，这是"长汀传统"的又一个重要内容。萨本栋认为，大学教育必须强调学术研究和大学生的技能培养，这样才能提高高等教育的教学和学术水平。

他指出："中国读书人最大的毛病，就是用脑而不肯用手……处在机械时代，只能用脑而不会用手的人，在许多方面，他的机会与地位，都受限制。"因此他提出，"未到最后一课的时候，应加紧研究学术和培养技能"，"本校一向对于学生程度的提高，非常注意。在量与质不能兼顾的情形之下，对质的改良，比量的增加，尤为重视"。

  在长汀时期，学校对学生的课业学习，要求是十分严格的。为此，采取了一系列的教学措施，以保证教学的质量。主要措施是：一，强调学生掌握语文和外语的基本功。为此制定并颁布《国立厦门大学语文特殊试验办法》，规定在每学期开学后第四星期中举行考试。考试内容分国文和英文两种，方法是：国文须当场作文一篇（文言文或白话文均可）；英文经导师同意选择英文读物自读（读物不得少于五万字），于应试时交出三百字的读书报告一篇或采取由主考人任选英文读物考核学生的自读能力，等等。这一措施，对提高大学生的语言文字表达能力，掌握交际工具，起了很大的推动作用。校友沈祖馨在《忆萨校长》一文中写道："说起英文，他非常的重视。国文也一样。他认为中英文是求学和就业最重要的工具。假使一个大学毕业生连中英文都不通顺，要他何用。"二，加强基础学科的教学。当时各系的基础课程，都由教授、副教授担任，以保证教学质量。三，鼓励学生自由开展学术讨论活动。当时，学生在这种良好学术风气鼓励下，成立了一批学生学术团体，出版多种学生刊物，例如数理学会、中国文学会、教育学会、化学会、经济学会、机电工程学会、生物学会、法律学会、政治学会、华侨学会、木屋学社等社团，出版的刊物除由战时后方服务团编辑的综合性刊物《唯力》外，还有《语言文字导刊》《教育周刊》《经济》《巨图》等学术刊物。这种学术讨论风气和刊物的出版，对于提高学生的学习质量和基本功训练，无疑起着积极的推动作用。

二

萨本栋博士于1937年受命于危难之际，担任国立厦门大学首任校长，直至1944年5月，他应邀到美国讲学，其中主持厦大校政达七年。七年间，他倾注了全部心血，贡献了他的智慧和青春，励精图治，精心擘划办好厦大，并力图有所作为。尽管在他任职期间，遇到来自战争和国民党反动势力的各种干扰和阻力，他仍然在事业上取得辉煌的成就。不仅提高了厦门大学的学术水平和在全国高校中的地位，而且培养出一批知行合一、训练有素的专门人才。直至今天，他的优秀品质仍然在他的许多同事、学生中传颂，他的科学研究成果仍然为科学界所肯定，他留下的精神财富对厦门大学的影响也是极其深远的。他对教育事业的热爱、对工作的极端负责任，对青年学生的深挚的护爱以及坦白诚恳、正直刚强的人格、严谨求实的作风，廉洁奉公、不徇私情的品格，构成了一代学者的道德风范。这，就是为后人所称颂的、写在厦大历史上光辉一页的"本栋精神"。

作为一校之长，萨本栋是一位杰出的学校行政领导。在这方面，他表现的是具有远见卓识，善于审时度势，做出正确果断的决策。在制定和实施学校播迁山城长汀的重大决策过程中，他计划周详、指挥若定，并且身先士卒带头实行。在迁校的第三年，他在一次总结中指出，他做出的决策是基于三项基本原则的。这就是：一，要留在东南最偏远的福建省内，以免东南青年向隅；二，要设在交通比较通达的地点，以便利闽浙赣粤学生之负笈；三，新校址的环境要比较优良，以使学生得安心于教导与求学。实践证明，萨本栋的领导决策是非常正确的。他因此而赢得师生员工的信任和敬仰。这就体现"本栋精神"的重要的一条，即深谋善断、出色而称职的行政领导。

励精图治，依靠教职工办好学校。首先，萨本栋把学校行政权力集中起来，使各部取得联系，而能使校政一以贯之，提高了办事效率，促进了各项工作任务的完成。为此，他曾负责地表明自己的态度："现在不是一个推诿责任的时代，所以事无大小，我都要亲为或与闻。"其次，是适应抗战建国的需要，增设了土木工程系和电机系等工科学系，为抗战胜利后的国家建设储备专门人才。再次，是加强教师队伍建设，多方延聘知名学者专家来校任教。教师质量的保证，使学校教学质量的提高有了坚实的基础和优良的育人条件。复次，是加强规章制度的制定与实施。除实施上面提到的《语文特殊试验办法》外，还坚持严格的学制（四年制）、学分制的主辅修制以及考查考试制度，对学生严格要求，利于学生打好基础，拓宽知识面和技能的培养。最后，是重视体育文娱活动，造成生动活泼的校园文化氛围，以利提高师生的身体素质与文化素养。迁校初期，学校因陋就简开展多项文体活动，活跃课余生活。其后一两年内，陆续修建田径场、足球场、游泳池，为广泛开展体育活动创造良好条件。这方面不仅推动学校体育，而且惠及长汀人民，促进了长汀县群众性体育活动的开展。文娱方面，师生们共同努力，组织了厦大剧团和铁声歌咏团，在校庆和其他重要节日，演出精彩的话剧和歌咏节目。这不仅活跃校园文化生活，而且扩大了抗日救国的宣传教育。

爱校如家，爱生如子，时时关心学生的进步，这是"本栋精神"的又一个体现。萨本栋从他执长厦大的第一天起，就把学校当成他的家，寄予深挚的爱。在他不幸去世的时候，他的夫人黄淑慎在给继任校长汪德耀教授的一封感谢信中还深情地写道："我们虽然离开厦大几年了，它永远是我们的老家，本栋在日没有一天忘记过它，他最后所念的还是这个老家……"正是这种对厦大的热爱，促使萨本栋本人不仅以一位领导者而负起治家（办学）的责任，而且把师生当为他一家人，把自己当为青年学生的"父兄"，对他们的学习生活给以无微不至的关心，对他们的前途寄以希望，并且努力为全校师生员工创造较为良好的工作和学习环境，克服战争带来的物质上的种种困难，与师生一起互衷共济，共渡难关。

萨本栋的"爱生如子"，不仅表现在他对学生学业的严格要求和道德修养的重视，而且表现在复杂的战争环境和校内进步力量与反动势力的斗争中，始终以一个正直的科学家和坚持正义不徇私情的大学校长的身份，去保护进步的师生。他虽然身为国民党中央监察委员，厦大三青团指导员，但他在办学时却主张学生要埋头读书，莫问国事并对学生给予关心和爱护，不容许国民党当局随意在校内逮捕和监禁学生。如1941年夏，长汀军警机关要逮捕几个有嫌疑的毕业生，萨本栋非常愤怒。他说："我在校一天，绝不许任何人在校内逮捕学生，否则，我就要告到中央去，即令辞掉校长职务也在所不惜。"他时刻把学生的安全放在心上。为防止敌机的空袭，萨本栋亲自设计了地道式的防空洞，每次空袭警报一来，他都亲自指挥同学疏散，警报未解除时，他又首先出来探视师生的安全。

"爱生如子"还表现在他对学生物质生活的关心。抗战期间通货膨胀，物价猛涨，加上沦陷区在扩大，江、浙、粤、赣及沪港等省市来长汀厦大转学或借读的生员日多，粮食副食品供应十分紧张，大部分学生已无法应付逐月提高的膳费。萨校长意识到这一问题的严重性，他想方设法，尽快为大多数学生申请战区膳费贷金，把定额奖励的嘉庚奖学金改为供应学生全年的膳费，同时鼓励同学开展勤工俭学，增加收入，以改善伙食，让学生安心学习。

深入实际，事必躬亲，以求全面掌握校情与师生的心态，利于作出正确的决策，这是萨本栋的工作作风，也是"本栋精神"的重要方面。他为人谦逊持重，无论对教师或学生，他遇事总是耐心同他们商量，毫无官气。这使得战时的厦大具有强大的凝聚力，师生员工团结一心，努力奋斗，共谋学校的发展。在这方面，他表现尤为突出的有四条：一是集思广益，举行校长谈话会。他把全校学生分为二十个组，每组十人左右，于每天下午举行谈话会，并邀请二三位教授列席。谈话内容包括时事战局、师生关系、课程作业、校舍设备、衣食住行等方面。这种方式，不仅利于行政领导与师生的关系，增进了解和友谊，同时也有利于改进学校的各项工作，增强学校的凝聚力，深受师生的拥护和欢迎。二是修缮和新建校舍时，他亲自踏勘地址，设计蓝图；施工中也亲自监工，并且善于节约建筑材料，做到花少钱，办更多的事。三是因陋就简，想方设法改善师生的工作和学习条件。他把学校为他准备的小汽车发动机拆下来，改成发电机，亲自指导安装线路和电灯，解决了全校的照明问题，替代了原有的通草芯菜油灯，大大有利于教师的备课和学生的自修。四是亲自上访，多方争取办学的经费。战时物价狂涨，师生生活之艰苦，已怨声渐起，学校为安定人心，一再想法解决学生的困难；但是更甚者是国民党当局歧视厦大，核拨的经常费用，为国立大学之最少者（如1940年拨的经费仅及西南联大的一半），这使得萨校长深感不平，多次致函教育部，要求公平合理安排厦大经费。同时也利用教育部来校视察的官员当面申述，请求解决。

　　亲临第一线担任教学工作，严谨治学，坚苦卓绝，为国育才，这是"本栋精神"的又一突出点。尽管校务繁忙，工作千头万绪。但他从来不放下粉笔，仍然站在教学第一线，以自己的模范行为，带动全校师生。他在校七年，先后为理工科学生主讲了"微积分""微分方程""无线电""电工原理""交流电路""交流电机"等主课，甚至于英语课，他也为专任教师代讲过。他博学多才，专业造诣很深，有独到见解，讲课又生动，深入浅出，深受学生的欢迎。在战争年代，有些课程因师资不足，萨校长不辞辛劳亲临一线讲授，所以学生们尊称他是"O"型代课者，如他代过"普通物理学""机械制图"等课程。

　　以上五个方面所体现出来的"本栋精神"，在当时，曾为厦门大学培养了一批训练有素、专业知识和技能深厚的毕业生，也为厦门大学争得了荣誉。在今天，在强调加强基础理论和智能培养，培养专才和通才，办好综合性大学的年代，我想，萨本栋的治校和治学精神，仍然有借鉴意义。

三

纵观厦门大学长汀时期八年的办学过程和历史，分析和概括了厦大师生在萨本栋博士的领导下，团结一心、努力办学、探究科学的实践中创造出来的优良传统和"本栋精神"，对于今天办好社会主义的厦门大学，并且通过师生的共同奋斗，使学校步入二十一世纪成为全国一流的重点大学，我想，仍然有继承和发扬的重要意义。这就是：

必须坚持高举爱国主义旗帜，以爱国主义作为办好学校的精神支柱。要结合新时期学校的实际，把爱国主义教育同建设有中国特色的社会主义的教育紧密结合起来，使青年学生树立远大志向，以自己之所学，为社会主义祖国服务，为民族的振兴，经济的腾飞，贡献智慧和青春。

必须强调提高教学质量和学术水平。当代社会是科学技术高度发达的社会，科学技术是第一生产力。国家的现代化建设、最重要的在于提高科学技术水平，而教育则是培养科技人才的关键。当年在长汀山城，条件极为困难，尚且能提高教学质量，并且取得全国学生学业竞试的"双连冠"，使学校赢得声誉；今天我们的学校，不论"硬件"建设或"软件"建设，都是长汀时期所不能比拟的，我们应该有信心、有能力、有条件在全面提高厦大的教学水平和教学质量上，来一个重大的突破。

必须强调基础学科的教学，重视学生的智能的培养，坚持实践第一的观点，注重应用型人才的培养，使毕业生成为"专才"和"通才"，以应社会需要。长汀时期，萨本栋校长强调学生要掌握语文（包括中文和英文）工具，并强调文科学生要有一定的自然科学知识，理工科学生应掌握社会科学知识，这些都是我们可以借鉴的。在当前，我们学校已在这样做，要求学生增加一项——掌握计算机应用知识，这些都是切实有效的教学措施。但是，当前突出的问题是部分大学生对祖国的语言文字的掌握上仍然存在不少问题。有些用人单位，对某些毕业生文字表达能力多有疑义，这应引起我们的重视，并加以解决。

必须发扬尊师重教的传统，注重教师的为人师表和师德的培养。长汀时期，山城人民对厦门大学寄予厚望，给予物质上的多方支持和帮助，同时期望厦大师生在山城传播文化、播种文明。尊师重教在当时的长汀，是蔚然成风的。在学校，教师和同学亲密无间，互相尊重互相切磋学问，在生活上，师生箪食瓢饮，安贫乐道，养成艰苦朴素的作风；教师始终注意自身的表率作用，以自己的热爱学校、安心本职、认真授业解惑的行为规范，来教育和感染莘莘学子。这种良好的校风和学风的形成，曾经影响几代人。在今天，发扬长汀时期的传统，就应该重视抓好校风和学风建设，强调尊师爱生、为人师表，重视校园精神文明建设。

一九九五年八月十八日
草于厦门大学白城新村

参考文献

　　1. 洪永宏编著：《厦门大学校史·第一卷》，厦门大学出版社1986年版。

　　2. 黄宗实、郑文贞编：《厦门大学校史资料·第二辑》，厦门大学出版社1988年版。

　　3. 厦门大学台湾校友会编：《七十周年校庆特刊》，厦门大学台湾校友会1991年印行。

　　4. 郑文贞：《不息的浪涛》，厦门大学出版社1986年版。

　　5. 郑朝宗：《海夫文存》，厦门大学出版社1994年版。

　　6. 笔者1986年厦大校庆六十五周年校友座谈会的笔记。

汪德耀赤诚爱国
献身科学教育的一生

汪德耀是我国著名的细胞生物学家、生物科学教育家、中国细胞生物学创始人与开拓者之一,是国立厦门大学第二任校长(1944—1949年),厦门大学生物系教授,中国细胞生物学会副理事长,中国动物学会常务理事。他曾任中国农工民主党中央委员会顾问、厦门市政协第三届至第八届副主席和福建省政协常务委员。

汪德耀,清光绪二十九年二月初八日(公元1903年3月6日)出生于江苏省灌云县板蒲镇一个普通小职员家庭。九岁时随家迁到北京,先入蒙养院(初级小学),毕业后转入北京高等师范学校

（北京师范大学前身）附属小学读高小，后考入北京高师附属中学。1919年"五四"运动爆发，当时在附中二年级学习的汪德耀，被同学推选为学生自治会副主席，组织学生罢课声援五四爱国学生运动。1921年十八岁多的汪德耀中学毕业，考取法国里昂中法大学公费生，攻读生物学，1925年获该校理学硕士学位。翌年转巴黎大学攻读细胞学博士。1931年秋，汪德耀获得巴黎大学国家博士学位。是年11月，身在异国的汪德耀时刻关注遭受日本帝国主义蹂躏的祖国，毅然放弃在法国的优厚待遇和条件，以赤诚的爱国之心告辞法国的导师和友人，于1931年11月回到中国。

学成归国的汪德耀，先后在国立北平大学、国立西北联大和国立湖南师范学院任教。1941年应聘到福建省战时省会永安的福建省研究院动植物研究所担任研究员。1943年转而应聘到厦门大学，任生物系教授，不久被委任理工学院院长。1944年，萨本栋校长因赴美讲学，推荐汪德耀为厦门大学代理校长，主持校政。1945年9月19日，汪德耀被正式任命为国立厦门大学第二任校长。

身负重任的汪德耀，立即以校长身份，由长汀飞抵重庆，出席全国教育善后复员会议，为厦大争取到一笔战后搬迁复员厦门原址的经费。同时在回闽的途中，还为厦大延聘到十多位教授来校任教。11月17日，汪德耀在长汀校舍大礼堂向全校师生做报告。提出1945年学年度为厦大"复员年"，开始策划并制定学校复员厦门的计划。在物质困难、经费奇缺和交通不便的条件下，汪德耀不辱使命，统揽全局，知难而进，带领全体师生员工，经历半年多的克难制胜，完成复员工作，于1946年6月迁返厦门。

抗战胜利后，面对复杂的时局和在战争废墟上重建厦大的重大任务，为办好厦大，汪德耀一方面设法多方延聘国内外著名专家教授来校任教，一方面策划学校的科系设置和教学工作。在他主持下，厦大先后新设航空工程系、国际贸易系、海洋系和法律系（司法组），为国家的航空事业、发展经济贸易和抗战胜利后的民主法制建设培养人才。这些新设置的科系也为尔后厦门大学学科门类的拓展，奠定了基础。

汪德耀任校长期间，不仅在学校事业的发展和管理上做出了突出成绩，而且在爱国主义旗帜下，始终追求进步，坚持真理。在国民党反动统治的黑暗年代里，他与当局多方周旋，保护了一批进步教授；关心爱护进步青年学生，让他们免遭国民党的迫害。厦门解放前，他不顾个人安危，坚决抵制国民政府教育部让他将厦大部分师生、仪器、图书迁往台湾的两次密令，同时积极准备迎接厦门解放。1949年10月，厦门解放，正在英国讲学的汪德耀立即打电报给厦门大学军管会代表和师生员工祝贺，接着于1950年3月回到厦门，投入新中国社会主义建设洪流。

1950年5月24日，中央人民政府教育部任命王亚南为厦门大学校长。8月以后，汪德耀不再担任校长职务，但仍坚持在教学科研第一线辛勤耕耘，先后任厦门大学校务委员会委员、生物系教授和系主任等职，继续为培养社会主义建设人才而努力工作。

国家实行改革开放之后，年逾古稀的汪德耀教授衷心拥护党的十一届三中全会的路线方针，无限崇敬改革开放的总设计师邓小平同志，并以"烈士暮年，壮心不已"的高昂姿态，继续为高等教育事业的改革与发展，为科学技术创新与进步而不倦地工作。这期间，他先后担任了厦大细胞生物学研究室主任、抗癌研究中心主任、中国动物学会副理事长、中国细胞生物学会副理事长等职，同时，担任厦门大学首批博士生导师，为国家培养了一批细胞生物学博士。在厦门大学生物系成为国家生物学人才培养基地，厦大肿瘤细胞工程国家重点专业实验室的建设过程中，也溶入汪德耀教授的一片心血。

半个多世纪以来，汪德耀教授从事细胞学及细胞生物学的教学和科研工作，在动植物细胞质细胞器（尤其高尔基体）结构与功能研究方面，共发表论文一百五十多篇，专著六部，先后荣获法国巴黎大学诺贝尔奖金获得者Berthlo的国家科研优秀成果奖，他主编的

《普通细胞生物学》获得国家教委优秀教材一等奖；与他的学生洪水根合著的《膜分子生物学》获"中国图书奖"。他一生在教学科研工作中获得省级以上奖励十多项。1984年，荣获法国尼斯大学荣誉博士学位。1990年，国家教育部授予汪德耀"老骥伏枥"纪念匾，表彰他为国家高教事业所作的贡献。

　　汪德耀教授在学术上治学严谨，实事求是，坚持真理，力求创新。他一贯关注国际细胞生物学研究的动态和最新成果，在指导学生赶超世界科研先进水平方面，起到关键性的作用。他不顾年迈体弱，一直活跃在国际学术交流的舞台上，多次赴美、法、加、日等国家参加国际学术会议和学术活动，不断为国家引进国外先进科学技术而努力；同时，想方设法输送一批优秀学生出国留学，提高科研水平。

汪德耀的题词

汪德耀教授一生热爱教育，献身科学，乐育英才，成绩卓著。他对人民的教育事业的赤诚之心从未改变，热爱科学献身科学，始终矢志不渝，初衷不变。即使在他身处逆境的时候，也从未失去一位科学家的良知和教育家应具备的坚持真理、实事求是的精神。他为发展我国细胞生物学竭尽心血，直到临终前仍念念不忘研究生论文答辩等工作。他的这种生命不息、奋斗不止的崇高思想境界，正如原国家科委主任宋健同志在祝贺汪德耀九十岁生日时的一封信中所评价的："先生以热血少年游学十载，弃荣华之将至，置长卿情于不顾，毅然归来，发蒙科技，培育后生，不卑圩政，进贤不隐，鞠躬尽瘁，不知夕至。您的事业、历程和贡献，实诚中华民族二十世纪从屈辱走向复兴的写照，皇天后土，足鉴久远。"

汪德耀教授因病于 2000 年 10 月 12 日逝世，积润享年一百岁。厦门大学为其举行追悼会，送别这位赤诚爱国、献身科学教育的科学家、教育家。

邓萃英与台湾九年义务教育

大凡对台湾的经济发展和现代化建设情况有所了解的人，都知道这与台湾的厦大校友在各行各业所做出的重大贡献是分不开的。他们的建树和影响也是远大而深刻的，是有口皆碑的。然而，还有一位对台湾的教育事业、提高民众基本素质，做出开拓性的重大贡献的著名教育家、学者，这就是曾经担任过私立厦门大学的首任校长邓萃英（字芝园）博士。他力排众议，向台湾当局力推实施"九年义务教育"（即国民九年义务教育），使得台湾提高全民教育水准，为培养各行各业的建设专才打下良好的基础。可以说，邓萃英对台湾教育事业的发展功莫大焉。

邓萃英，字芝园，生于1885年8月，福建闽侯人，毕业于全闽师范学堂，曾任小学教职一年，后获选官费留学日本，进入东京高等师范学校，在校加入同盟会。1918年由教育部选送留美，入哥伦比亚大学师范学院。毕业后终身从事教育。曾创办北京志成、弘达、春明女中三所中学，先后担任过北京师范大学、河南大学和厦门大学校长以及国民政府教育部参事等职。1949年邓萃英赴台，为提倡九年义务教育不遗余力，著作和演讲甚力。为实施其义教方案，邓萃英力荐不懈，奔走呼号，终于使九年义务教育于1965年在台湾成为制度。

一、义务教育之基本观点及意义

邓萃英在《现代的义务教育》一文（1956年发表）中指出："人

---

* 本文原载《厦大校友通讯》2006年第3期。

邓萃英

民除纳税义务及服兵役义务外，还有受教育的义务。"这种义务的履行，不是受教育的主体学龄儿童自身所能实践的，而是由三方面来负起义务的，即：一，儿童之父母或保护人，无论贫富、阶级，必须使其子女受法定期间的义务教育，由国家强迫施行；二，地方县市行政机关，必须设置相当数目的学校，足以容纳其辖县境内全数学龄儿童受法定年限之义务教育；三，任何社会团体及农工商各机构，必须协助义务教育之推行，不得妨碍儿童就学，由政府制定儿童劳动及福利等法令，使全社会遵照奉行，此即所谓"教育保障"。

关于实行义务教育的意义，邓萃英指出，"国家社会存续发展之基础，在于义务教育；义务教育要求何等程度，应定一个义务就学的年限，是即所谓义务制度"，"普及教育尤为当务之急。因民主政治是全民参加的政治，欲使民主政治健全发展，提高全体国民之知识道德水准，是绝对必要的条件。否则，民主政治将成为众愚政治，何能存在"，"故在民主主义国家，义教制度实为最重要政策"，"一般人民知识技能之水准提高，则国家自更强盛，故其目的专在于国家"。

二、关于各国或地区义务教育之比较

邓萃英列举了当时世界各国或地区关于义务教育的年限，计有四至十二年制等十种学制，其中九年制及八年制实施的国家或地区最多，四年制和五年制实施的国家或地区极少。而台湾在五十年前只能实施六年制（即普及到小学）。他进一步推出，实施八年制或九年制之国家或地区为最多，可以"代表当时先进国家之平均数，欧洲诸国，大多属于此类，均可谓文化进步"，"其在六年以下的，多半是文化落后"。而文化先进的国家或地区，其义务教育有保障，普及彻底；学校建设及教学设备完全而充实，其子女入学后，父母负担反而减轻。先进国家或地区其义务教育不独子女都可以入学，而且检验其教育水准，不仅以年限长短及免费与否来制定，尚有设备及教学程度如何，就完全（即就学率）与否等，亦应检验考查。

三、关于台湾实施义务教育问题

纵观各国或地区义务教育之大问题，是财政与经济，"即地方政府之支持力及儿童保护者之生活余裕，后者所关尤大。无论如何免费，在儿童须劳动谋食的条件之下，决谈不到就学。所以，义教与国民生活水准配合，是一个先决的问题，而教育保障，尤为当务之急"。

邓萃英就当时台湾的六年义务教育而论，提出由于经济得到发展，台湾的义务教育入学率已达到96%至99%，"人民不感到任何困难，各乡村从无发生强迫之纠纷，尤未闻有长期缺席之情形"，"今以此为基础，再谋前进，延长义教为九年，是顺理成章之事"。

接着他就政治问题、财经问题和法律问题，纵论台湾实施九年义务教育之必要性和可能性。他认为，义务教育不仅是文明程度的体现，而且是一个民心问题，即如孟子所说"得心斯得民，得民斯得天下"，"义务教育是唯一得民心的显著要素"，这也就是最大的政治问题。其次，义务教育的实施，与财政经济情况成正比。如果"财政困难，无兴学设校之财力，义教无从办起，人民经济状况贫乏，濒于破产，更无就学之可能"。而就台湾省当时经济状况而言，"人民经济状况，且重视就学，非万不得已，无待强迫"。因此，他认为台湾有实施九年义务教育之财力支持。最后，从法律问题看。实施九年义务教育虽然与现有法律规定的六年义务教育有差异，但就现有条件和人民的经济状况，延长义务教育年限可先实施，不必多等待，因为这属政府多尽义务之行为，且义务是关系政府生存之要素之一，决非属违法问题。

作者最后的结论，认为"义教应立即延长为九年，依原有教育制度，把初中并入义务教育之范围；以财经言，自有相当困难，然而较十年前之情形，绝无办不通之理。财政问题应量入为出，取于民用于民，是在为不为，不在能不能"。总而言之，认为实施九年义务教育，台湾在当时已具备条件，只要当政者重视民心，努力去做，决无不成功之理。实践也证明了，由于台湾实施了九年义务教育，使得全民教育水准普遍提高，从而有足够的人才来从事各方面的建设，使台湾经济得到发展，进入高科技产品输出地区之列。

参考文献

洪永宏编著：《厦门大学校史·第一卷》，厦门大学出版社1986年版。

厦门大学台湾校友会编：《七十周年校庆特刊》，厦门大学台湾校友会1991年印行。

催化泰斗 百岁传奇

——蔡启瑞院士

蔡启瑞院士是厦门大学化学化工学院资深教授，是我国德高望重、深受人们敬仰和爱戴的物理化学家、化学教育家，是中国催化化学的开拓者和奠基人之一。2013年12月3日是蔡院士百岁寿辰。厦门大学在本校科学艺术中心报告厅隆重举行了"蔡启端院士百岁生日暨厦门大学催化学科创立五十五周年庆祝大会"。

蔡启瑞1913年12月3日出生于福建省同安县马巷镇（今为厦门市翔安区）一个贫寒的华侨职员家庭，幼年失怙，恃母含辛茹苦送他上小学和中学，1928年集美初中毕业，1929年升入陈嘉庚先生创办的私立厦门大学附设高中部，1933年考入厦大理学院化学系，1937年毕业，获理学学士并留校任教。1947年考取公费赴美深造，入俄亥俄州立大学研习，三年后获博士学位，遂在美做博士后，并任副研究员。1956年4月，怀抱报效祖国之志，回到母校厦门大学。从此，一直在厦门大学任教，长期奋斗在催化科学研究第一线，为中国化学学科的发展做出了杰出贡献。曾任厦门大学副校长、固体表面物理化学国家重点实验室学术委员会主任，第八届国际催化大会理事会理事等职。1977年起，连续两年荣获全国劳动模范称号。

在长达一甲子的教学与科研生涯中，蔡启瑞不仅为国家培养了一大批优秀的高级专门人才，而且长期从事催化理论、化学模拟生物固氮、碳一化学、轻质烷烃化学和结构化学等方面的研究，取得

为祝贺蔡启瑞百岁华诞，《厦门老教授》2014年第11—12期合刊，因此用蔡启瑞教授彩照为封面，封二加了这段"封面故事"。

丰硕的科研成果,1978 年获全国科学大会奖三项,1982 年和 1988 年获国家自然科学奖三等奖各一次。

当期《厦门老教授》封面全照

　　蔡启瑞院士对厦门市老教授协会的成立以及尔后近二十一年的协会工作与学术及活动,一贯给予高度重视、积极支持和热情关照,从 1995 年成立首届理事会至今、一直受聘担任厦门市老教授协会名誉会长。

欢迎台湾青年来厦大就读

——访厦门大学校长田昭武

青年朋友，我听说有不少台湾青年为了寻求更多的知识，同时也为了进一步了解祖国大陆，非常希望能到祖国大陆的高等学府就学深造。为此，我的同仁最近专程走访了厦门大学校长田昭武，下面就请您收听这次采访的录音。

田昭武校长与法国尼斯大学校长签署两校合作协议

---

*这是黄宗实撰稿提供对台广播的录音稿。原载于《福建对台宣传稿选》第13集，中共福建省委宣传部对台工作办公室宣传处1986年4月编印，文稿署名为黄宗实、李永发。海峡之声广播电台1985年5月播发，电台记者李永发录音。

记者：田校长，我是海峡之声广播电台记者，厦门大学是海内外闻名的高等学府，您能不能向台湾青年朋友介绍一下学校的基本情况呢？

校长：好！厦门大学是著名爱国华侨陈嘉庚先生于一九二一年创办的，至今已经历了六十三个春秋。六十多年来，厦大同我们祖国的命运紧密相连，历尽沧桑，由小到大，不断发展。从初创时期仅设师范（分文理科）、商学两部，一百多名师生的小型大学，发展到现在，已拥有二十一个系四十八个专业，设有文、理、法、财经、外语、艺术教育等多学科的综合性大学。设置有中文、历史、外文、新闻传播、哲学、经济、计划统计、财政金融、会计与企业管理、对外贸易、法律、音乐、美术、教育、数学、计算机科学、物理、化学、海洋、生物、科学仪器工程等，在校学生七千多人，包括研究生五百二十二人，留学生二十人，教职工二千多人（其中正副教授接近三百人，讲师七百多名），并设有二十六个科学研究机构。

记者：哦，规模很大啊！田校长，厦门大学建校六十多年来，为社会培养造就了许多人才，请您介绍一下这方面的情况，好吗？

校长：好的！六十多年来，厦大先后培养了两万多名本科毕业生和两百多名研究生。如今，毕业校友遍布海内外，许多人在国内外享有盛名。在祖国大陆，现任中国科学院院长、台湾省籍著名化学家卢嘉锡，物理学家谢希德，中国科学院海洋研究所所长、海洋生物学家曾呈奎，遗传学家方宗熙，世界著名数学家陈景润，以及现在本校任教的化学家蔡启瑞、史学家傅衣凌等，都是本校的毕业生。在国外，已故的美籍鱼类学家顾瑞岩博士，现任美国奥克拉荷马大学解剖学系主任、医学家李景昀博士，曾在台湾服务过、现为英国皇家学会会员、电机工程专家刘景昭博士，已故的新加坡大学名誉教授、教育学家陈育崧，新加坡外交家、著名学者黄望青等等，也是本校毕业的校友。

记者：听说在台湾也有不少厦大的校友，是吗？

校长：是的，在台湾有一大批厦大毕业的校友，遍布在宝岛各地，为台湾经济的繁荣和科学、教育、文化事业的发达，做出了贡献。例如，被列为美国出版的当代《世界名人录》中的现任东海大学中文系系主任兼文学院院长的江举谦，著名剧作家、话剧《红鼻子》的作者姚一苇，台湾化学肥料工业的著名工程师沈祖馨，制糖工业总工程师曾呈发，也都是厦大的校友。

记者：真不少！田校长，厦大这些年来取得了哪些重要的科研成果？请您介绍一下。

校长：厦门大学不仅为国家培养了一大批优秀的专门人才，而且在科学研究方面，也取得了一大批研究成果。远的不说，单就近几年来，文科方面，出版的哲学、社会科学专著有两百多部，学术论文达二千多篇。理科方面，取得国家和福建省的科学研究成果奖有一百二十多项，其中，十六项获全国科学大会奖，三项获国家自然科学奖，一项获国家发明奖，一百多项获中央各部和省一级科技成果奖。在国际学术会议或全国性学术刊物上发表的科学论文有五百多篇，出版科学技术著作三十多部。

记者：田校长，我听说有许多港澳青年和台湾青年想到厦大就学深造，请您介绍一下学校的学习环境和建设发展情况，好吧？

校长：好。我们学校不仅以人才培养和科学研究方面的出色成绩而名闻海内外，而且以环境优美、设备完善和学习条件优越而著称于世。厦大校园占地面积一百多公顷，建筑面积三十万平方米。这里有白墙朱顶、雄伟壮观的建南大会堂等海滨五大建筑，以及环绕着群贤楼等早期校舍周围拔地而起的新建筑群；有可以容纳两万多人的看台的海滨大操场"上弦场"和占地达十万多平方米的演武运动场，以及游泳池和室内运动场。学校图书馆藏书达一百四十万多册，建筑面积近两万平方米的具有现代化设备的新图书馆楼正在设计中。此外，还建有实验中心、计算中心、测试中心和电化教学中心，各种现代设备的实验室有八十多个。所有这些，都为前来本校就读的莘莘学子创造了良好的条件。

记者：田校长，台湾青年申请到厦门大学学习，学校方面有些什么具体的规定呢？

校长：近些年来，学校已先后招收一批港澳地区和台湾省籍的青年学生，在本校文、理科各系就读。他们同大陆学生一道，互相帮助，切磋学问，共同进步，在德智体几方面得到发展。我们热烈地欢迎有志于来我校就读的港澳和台湾青年海外侨胞！我们将为他们提供选择专业的自由，在学费方面实行优待，并发给一定的助学金，为他们创造良好的学习条件。对学业优秀的学生，还发给"嘉庚奖学金"。至于毕业后的服务方向，我们实行"来去自由"的方针，愿意回原居住地服务的完全尊重本人意愿；愿意留在大陆为祖国"四化"建设贡献力量的，我们也欢迎，并在工作安排上提供方便。我希望海峡两岸的青年携起手来，共同为振兴中华、完成祖国统一大业、发展民族的科学文化而努力奋斗。

记者：田校长，感谢您接受本台的采访。

校长：再见！

记者：再见！

张乾二院士的青少年时代

崇武古城与"霞田张"

1928年,张乾二出生于福建省惠安县崇武镇海门乡。

崇武,崇尚武备之意,崇武古城因此得名。崇武位于福建省惠安县东南海滨,突出部分三面环海,西连陆地,东临台湾海峡。崇武半岛上明朝时期建造的丁字形石头城墙,至今仍屹立在海边。城墙环海,有十二处半月形沙湾,湾域岩石缀布,地形复杂,易守难攻。宋代初就设有巡检司,明洪武二十年(1387年),建城设置千户所,派驻军队,成为防备海盗和倭寇的海边重镇。崇武城因此成为福建沿海建造的十三座城中规模最大的一座,明清两代先后进行过十八次修葺增建。明朝倭寇之乱时,民族英雄戚继光率兵于崇武古城临危而战,击溃来袭之敌;明末,崇武是郑成功的军队重要的兵饷供应地;清代乾嘉年间,东南沿海海盗风盛,崇武又是清朝官兵的守地。

崇武历史上不仅是一个崇尚武备的兵家必争之地,而且还是一座文风甚盛、人才辈出,被誉为"海滨邹鲁"的文化古城。明代嘉靖年间,崇武文坛就出现诗人、文学家黄吾野[②]。近现代以来,崇武的文苑诗坛先后出现旅居台湾的医师兼诗人、雕塑家张世昌;张乾二的堂兄,旅台学者、诗人张福星,以及画家、诗人、张乾二的舅

---

* 摘自林梦海、黄宗实和郭晓音合著的老科学家学术成长资料采集工程、中国科学院院士传记《弄潮儿向涛头立——张乾二传》,本书由中国科学技术出版社与上海交通大学出版社2017年出版。该书第一章为黄宗实撰写,标题由作者改定。

② 黄吾野(1524—1590),名克晦,字孔昭,号吾野,福建惠安崇武人。明代著名文学家、诗人,著有《金陵稿》《匡庐集》《西山唱和集》等。

采集小组与张乾二院士合影

父赵复纾等①。此外，张氏后人还在崇武成立"海社""初社"等一批文学社团组织。

因土地少且多为沙质地，这里很难进行农业耕耘，只能在沙质地上种植地瓜等耐旱作物。所以，这里的居民以海为田，以渔业为主，少数经营航运业。不管春夏秋冬或风晴雨露，日夜尽在风浪中，与大海搏斗，求得生存与发展。

"永源居"宗祠

崇武霞田的张氏祖祠名为"永源居"，位于崇武城南灯塔下，是

---

① 赵复纾（1911—2000），名宽，字复纾，福建惠安崇武人。早年毕业于苏州美专，师从徐悲鸿。二十世纪三四十年代在厦门时，诗书画均负盛名，五十年代移居台北。擅长写意花卉鸟禽，著有诗作《倚目楼诗存》。

一座具有闽南建筑风格的三进结构的红砖大厝，始建于明嘉靖年间，至今四百多年，是张氏后代祭祀祖先、宗亲联谊、培养人才和传播传统文化的重要场所。数百年来，祠堂历尽风雨，几经修葺。2004年，张氏族人又予以重修，其房屋坐向、外形、结构等皆保留旧时形式，大门外象征张氏书香门第的旗杆夹和厅砛等古迹也予保留。祖祠的匾额"霞田张氏宗祠"系霞田张氏第十六世裔孙张乾二的手书原迹。紧邻"永源居"的一幢名为"永和居"的三进结构红砖厝，是"永源居"的同宗支张氏十四世四兄弟共建的居屋。张乾二的祖父就在此成家立业，繁衍后代。

霞田张氏开基祖张寿，字孟知，号芥庵，原籍漳州府平和县小溪乡，系铁崖公之五世孙。明洪武二十年（1387年）入崇武抗倭，几经砺战，功成名就。后娶妻林氏，择霞田而居，故以"霞田"为开基灯号。芥庵公在崇武兴田致业，惠掖遐迩，庇荫后世，功德无量。其子孙繁衍六百余年，至今凡二十一代。世代诗礼传芳，懿德远播。人称此祖祠是"谊亲之圣地，传学之簧府，励才之殿堂"[①]。

"永和居宅古城边，荟萃人才代代然"[②]，数百年来，从"永源居"与"永和居"中走出一批曾经对当时的社会经济、政治、文化、教育做出过历史性贡献的人才。诸如，明代"霞田张"三世祖张得山是当时的文坛名流，与崇武籍著名学者、布衣诗人黄吾野齐名。张得山鄙视官场，有诗文之才而不仕宦，惠安张氏族人2000年内部编印的题为"闽台张氏宗祠文化博览"一书刊载了他的史迹、书诗作品和为崇武文化所做的贡献，他为霞田张氏族谱所写的"自序"被黄氏称为"堪与韩（愈）苏（轼）雄文并美"。张乾二的堂叔张灿从民国二十五年（1936年）起历任福建霞浦、邵武、龙岩、长乐和惠安等五个县的县长，为官清廉，颇孚众望。张乾二的堂叔、学者、诗人张述（1909—

[①]《崇武霞田张氏宗祠重修志》，2004年编印。
[②] 蔡永哲：《奉和孟嘉世叔八十自寿原玉》，《蔡永哲诗词选》，海峡文艺出版社2004年版，第19页。

2000），字孟嘉，1934年毕业于厦门大学，后赴南洋执教于陈嘉庚创办的华中、道南学校，致力于华文教育。新中国成立后毅然回国到张家口市，从事中等教育工作，1983年回厦门担任厦门市致公党主委、致公党福建省委常委和市政协委员。张乾二的二堂叔张侃（张述之胞弟），字志豪，中医世家出身，是泉州市中医院著名老中医。生前曾带头筹款并主持创建崇武东南角的灯塔（现已成为国际航标灯），同时创办崇武图书馆并任首任馆长。这些都是从"永和居"走出来的人才。在当代，除院士张乾二外，还有一批霞田张氏族裔散居台、港地区和美、加等国的具有教授、博士等头衔的高级人才，他们为当代中国的科学、教育文化的发展，为所在国家、地区的科技文化做出贡献。"永源居"祖祠的文化传承由此可见一斑。

童年与启蒙教育

"永和居"是崇武霞田张氏宗族支系的祖居，也是一座三进的砖木结构闽南大厝，位于霞田张氏宗祠"永源居"左侧。

大门顶部的匾额"永和居"三字因年久失修，油漆脱落，字迹已模糊。据族人介绍，上面"永和居"三字用白色粉笔勾出，是"文化大革命"后由张乾二堂叔张述亲手描写出来的。这座古民居已有一百多年的历史，因无人居住，现已破败不堪，有的房间屋顶已坍塌，成为废墟；有的房间木质隔墙也已毁损。张述20世纪80年代回乡探望亲友，面对残垣颓瓦，感慨万千，写了一首《永和居故宅》[①]：

入门忍泪独彷徨，不见黄花老圃香。

翘首虚堂空燕垒，争光振翮竞高翔。

作者在诗后还加注了一段话："宅边老圃被人侵占，三径无踪。到家

---

① 张述：《孟嘉诗文存稿》，厦门大学出版社2009年版，第260页。

无人相识,窘甚。家中已有十多个子孙在欧美留学。"这首诗寄托了作者对祖居的怀念与感伤之情,"文化大革命"中,居屋后面的花园被人侵占作为宅基,盖了房子,住房到后花园的道路也从此消失,怎不令人感慨万千?但令后人聊以安慰的是,张氏子孙弘扬祖德、继承文化、后继有人,燕子"高翻"一句就是用来表达张氏后代人才辈出的欣慰之情。

当年住在"永和居"的"霞田张"第十四世嫡孙子欣、子善、子静和子敬,是张乾二的祖父辈。按当地俗称为大房、二房、三房和四房。四位兄弟都受到系统的旧式教育。长大成人后,四兄弟都继承家学渊源,学习中医,学成后即以行医和开药店为业,其店号即"源记"。张乾二曾经回忆道:"祖父有四个兄弟,都学中医,经营中药,维持一家人的生活。"①

张乾二的祖父张子静,在四兄弟中排行第三,育有一男二女。他从事中医,悬壶济世,颇孚众望,又热心公益,把自己积攒的一些钱财捐出,为家乡修路挖井,兴办学校。晚年他到泉州承天寺出家,皈依佛门。家庭生活和养育子女的重担就落在了他的儿子张国琛身上。

张乾二的父亲张国琛,少年时入旧式学堂书塾接受教育,后升入泉州中学读书,一年后转入泉州医院研究社学习中医,毕业后行医。他医术高明,医德高尚,当地人称他为"国仙"。据乡民说,凡是贫苦老百姓上门求医,他常给予免费诊病。当他十九岁时,曾独自到厦门行医。后因其父离家到泉州出家,家庭经济负担只好由他担当。回家乡后,仍操旧业,兼营中药,以维持家庭生活。那时,子女们逐渐长大,要让他们接受文化教育,张国琛颇费一番心思。直至抗日战争时期,家庭经济更为困难。为解决子女教育费,他把父亲留下的一座小房子出卖,将其所得与几位亲友合股经商,开办"公益行"贸易商行,兼营货物运输业务,商行的股份收入用于家庭

---

① 张乾二访谈,2012年11月26日,厦门。资料存于采集工程数据库。

生活和子女学费。

中华民国十七年（1928年，岁次戊辰）阴历六月廿八日（8月13日），张乾二出生于"永和居""下五间"的一间房子里。张乾二在家中排行第二，父亲张国琛将他取名"乾二"，是颇费一番心思的。大儿子取名"上乾"，"上"是与张氏辈分"尚"同音，还可理解为"第一"或"最好"的意思；"乾"则是《周易》中的八卦之首乾卦，含"男子"和"健康强壮"之义。张乾二排行第二，出生于戊辰年，生肖为龙。"乾二"是乾卦的二爻，其意是"飞龙在天，利见大人"，意思是希望他健康成长，将来能见到大人物，能有出息。这也是父亲等老一辈"望子成龙"的观念在子女起名上的一种体现。

崇武半岛的自然环境、惠安的民俗风情，渔民的勤劳勇敢、粗犷豪爽、眼光开阔、心胸坦荡，给幼年的张乾二以深刻的影响。他后来回忆道："我生长在惠安海边的一个渔村——崇武。这里是一片沙土，种的是花生和地瓜。百分之九十的人民靠捕鱼来过活。在这种乘风破浪的战斗生活中，他们锻炼得很坚强、粗犷和活泼。海与风浪和一切活生生的环境陶冶了我，让我也一样生活得坚强、粗犷和活泼。"[①]

张乾二在孩童时代，是一个天真活泼、生性好动的孩子。他虽生在中医世家，却爱和同村的渔民孩子交朋友，喜欢无拘无束地在村里社外四处游玩。对此，他回忆说："我的父亲很强调个性发展，所以家庭就对我们采取自由放任的态度。从小我也就每天东溜西溜，不愿在家里受约束，只爱个人自由自在地生活。小学放暑假遇到大热天，我就带席子和被单到海滩或球场随便睡觉去。"[②]

张乾二最爱找的渔民的孩子叫李敲生，住在同村，又与他同龄，两人一起玩，一起上课。李敲生家是渔民之家，从小就跟着长辈风里来雨里去地学习打渔。张乾二虽出身在有文化的中医世家，但对

[①] 张乾二1951年自传。存于厦门大学人事处档案室。
[②] 张乾二访谈，2012年11月26日，厦门。资料存于采集工程数据库。

渔民的生活却很感兴趣，有时也跟着李敲生上渔船看抓鱼捕虾，感受海港渔村浓郁的风土人情与生活情趣。对此，李敲生用闽南语形容道："我俩是从穿开裆裤开始就结下情同手足的兄弟情谊的。"①

童蒙养正，是中国传统儿童启蒙教育的核心。一个人的基本素质、人格的养成、文化的积淀、心灵的滋养，须从儿童开始抓起。希望子承父志的张国琛先后将两个儿子张上乾和张乾二送入其四叔张子敬任教的私塾接受蒙学教育。年仅七岁的张乾二天真活泼，聪慧过人，甚得四叔公的看重。据李敲生回忆，他与张乾二两人"从小感情都很好"，"我当时挺聪明伶俐，他（指张乾二）也很聪明。读私塾时我俩同班，学校在祠堂里上课。启蒙老师是他的四叔公子敬先生。我们俩虚岁七岁入学，年龄最小，被安排坐第一排，同用一张课桌。子敬先生对学生要求很严格，上课稍有分神或者书写不工整的，就要被竹板子打手心。但是我们俩书都读得很好。私塾的教学都是《三字经》和《幼学琼林》这类的古文，较深的才读四书五经等。"②

私塾的教育内容一般都是侧重古文，给儿童讲解最基本的文史知识和语言文字知识。但当年张乾二上的私塾的教学内容却较为全面，除了文史，还教算学。原因是他的四叔公张子敬不仅教古文，还兼上算学课，这让从小就喜欢计数的张乾二感到好奇与兴趣。他回忆当时的情景说："我那个四叔公的私塾有一些改革思想，他开了算学课，经常讲'过河问题''分房子问题'等一些民间流传的数学问题，这些引起了我的兴趣。所以我从小对数学有爱好，是我堂叔公在私塾给我的影响。"③

在"永和居"家宅，为了给孩子们营造学习文化知识的良好环境，张乾二的四叔公张子敬和父亲张国琛都非常重视家宅大门等处楹联内容的选择。如南大门的对联写道"犀堞环胸忠孝带　桑田负

---

① 李敲生访谈，2013 年 3 月 6 日，崇武。存于厦门大学人事处档案室。
② 李敲生访谈，2013 年 3 月 6 日，崇武。资料存于采集工程数据库。
③ 张乾二访谈，2012 年 11 月 26 日，厦门。资料存于采集工程数据库。

海渔樵家",不仅写出宅第四邻的景色,也具有教育儿孙忠孝的道德风尚。而每年的春联也都选择对后代有训示之意,如"家传孝友读书第　医学功能在济民"和"荆树有花兄弟乐　书田无税子孙耕"。等到了新中国成立后,张国琛又嘱咐堂弟张述在家室的北门另写了"知识即力量　健康是幸福"的新楹联,意在教育后代要认真读书,掌握知识,注重健康。

张乾二在私塾里接受启蒙教育大约一年多时间。虽然受教时间短暂,但对他尔后进入小学的学习打下了文化、语言、文字以及算学的坚实基础。

小学教育

1935年,张乾二进入崇武城内一所私立小学——莲城小学就读初小二年级。这所学校位于城内紧靠莲花石的下庵宫(即水潮庵),借庙堂为教室,是以白话文为主的现代小学教育。他在这所小学读了两个学期,1936年转入惠安县立崇武小学,从初小三年级读至初小四年级上学期。这时,抗日战争全面爆发,地处祖国东南沿海的崇武城也遭受了日本侵略军的炮火攻击,老百姓横遭战乱,纷纷逃离,以求安全。

1938年,日寇已攻占南京、上海,战火燃烧到东南沿海。日寇攻占崇武古城,对老百姓进行烧杀抢掠,酿成惨烈血案,小学被迫停课,学校和部分师生内撤。张乾二的家人,因与惠安内陆一个距离崇武城三十多华里的山村,土名叫"下尾山"的一户黄姓人家有姻缘关系(按闽南方言,"下尾"的谐音为"霞美",即这个山村的村名),就举家迁至"下尾山",暂避战火。张乾二也随家人和几个同学一起艰难跋涉,翻山越岭,到该村的霞美小学五年级寄读。

在霞美小学读书是极为艰难的,白天有日寇飞机在空中肆虐轰鸣,夜晚则有蚊叮虫咬的侵扰。张乾二小小年纪,身躯瘦弱,但凭着坚强的意志和求知的欲望，在霞美小学寄读，直至小学毕业。因为原来是在崇武小学念到初小四年级，他小学毕业仍属崇武小学的学籍。张乾二在回忆小学读书经历时说："抗战的时候，因为日本人登陆崇武镇，我们家就内迁到霞美一个亲戚家里，到那边的霞美小学完成五年级到六年级的课程。"①

在小学阶段，少年张乾二就对数学有浓厚的兴趣，并在学业成绩上初露锋芒。当时不仅教普通的加减乘除的运算方法，还会使用一些民间流传的"龟兔赛跑"等趣味数学问题和一些珠算口诀等，这些让张乾二比别的孩子更早地接触数学。当别的孩子对数字概念感到枯燥无味的时候，数字的奇妙与精彩的思维已给他带来开启智慧的钥匙。又据张乾二在霞美小学读书时的同学、现已八十七岁高龄的漳州退休教师黄磐石回忆道："他（指张乾二）数学特好，给我留下深刻的印象。每次数学考试他的成绩总是全班第一。老师为测验我们的思维能力，出了个'龟鹤题'，龟与鹤同放一个笼中，共有 X 个头，Y 个脚，问龟鹤各有几头？要求学生在最快的时间内算出答案，班里总是乾二同学第一个算出来。"②。虽然生于内忧外患的年代且求学初始阶段如此曲折，但这些都没难倒少年的张乾二。相反，他由此磨炼出顽强的意志和坚韧求知的个性，并开始了更加艰苦的中学阶段学习。

辗转跋涉求学集美

1940 年 8 月，满脸稚气的张乾二年仅十二岁，他违背父亲要他继承家业、学习中医的意愿，决心到安溪集美中学读书。

1937 年 7 月 7 日，日军开始大举进攻华北，北平、天津相继失守，不久南京、上海告急。当年 9 月，日寇从海上炮击厦门，集美危急。为师生的安全和教育工作的正常进行，爱国侨领陈嘉庚决定将集美

---

① 张乾二访谈，2012 年 11 月 26 日，厦门。资料存于采集工程数据库。
② 黄磐石给张乾二学术成长资料采集小组的信，2012 年 10 月 26 日。资料存于采集小组。

学校内迁闽南山城安溪,借安溪文庙等处为教室和宿舍。当年10月,中学完成迁校任务,并于月底开始上课。1938年年初,原集美学校的师范、水产航海、商业、农林各校也一起迁入安溪文庙,与中学合并办学,校名定为"福建私立集美联合中学"由校董陈村牧兼任校长。①

张乾二跟着几位由就读集美中学的同乡小同学(他父亲资助),背起小行李,脚穿草鞋,由东南沿海的平原地区向西北部丘陵地带的山区行进,爬山越岭、过溪涉水,历经三天两夜,到距离一百八十多华里的山城安溪"凤城"文庙,入读私立集美联合中学初中一年级。当时的安溪县城又称"凤城",是一座人口不足万人的小城,显得荒寂破败。由于战乱,物资奇缺,师生的日常生活艰难困苦。学校采用适应战时的军事化管理,要求学生每日穿着童子军制服出操和上课。严格的教学秩序对于一个刚刚远离家乡父母,从熟悉的海边来到陌生山区学校求学的少年来说,无疑是一个很大的考验。

刚入学两个月,张乾二就遇到一件令他终身难忘的大事——迎接校主陈嘉庚到安溪视察学校和看望师生②,聆听校主的教诲。1940年10月26日,陈嘉庚带领南侨总会慰劳团从南洋回到祖国,慰问抗日军民,特地在考察慰问福建军民的途中,由永春县赶到安溪视察集美中学,看望全校师生。听到这一喜讯,张乾二和其他同学一样兴奋不已,并参加了师生的欢迎行列。他回忆说:

> 他回国的时候我们要去欢迎他,我们半夜大概三点半左右到安溪县城进口的地方去迎接,我记得好像是在参内,离安溪大概十五里路左右。冬天的时候童子军都穿着短裤,我们站着发抖,但是却没接到人。后来大概到四点多,校董会打电话来,说陈校主已经回到学校了。因为陈嘉庚不

---

① 周日升主编:《集美学校八十年校史》,鹭江出版社1993年版,第85页。
② 陈嘉庚(1874—1961),著名的爱国华侨,创办厦门大学、集美中学、集美学村等,厦门大学、集美大学(前身为集美学村各校)两校师生都尊称其为"校主"。

愿意让我们欢迎，抄近路已到文庙。后来听了陈校主作的关于抗战、爱国的报告。①

10月27日，学校举行师生欢迎大会，陈嘉庚在会上报告了南侨总会慰劳团回国慰问的概况和观感，表示坚信最后胜利一定属于我们；勉励师生爱国爱校，奋发图强。他对学生们说："我培养你们，我并不想要你们替我做什么，我更不愿意你们是国家的害虫、寄生虫；我希望你们依照'诚毅'的校训，努力读书，好好做人，好好替国家民族做事。"②陈嘉庚带有浓厚闽南乡音的讲话，是对学生们的鼓舞和勉励，让莘莘学子心灵里燃起了抗日救国、奋发努力、报效祖国的理想之火。刚入学不久的张乾二，不仅心生敬仰之情，更产生了努力学习、立志成才的精神动力。

抗战期间，内迁安溪的集美师生生活是极度艰苦的。一日三餐吃的是红米饭，午餐则是定量供应，每人一份"加自饭"（按：闽南方言，用咸草袋装入大米蒸熟后供食用）。下饭的菜肴只有南瓜、芋头、牛皮菜、咸萝卜等，没有荤菜。低年级同学多，睡的是双层木架床，宿舍内非常拥挤，没有自习桌。晚上自习教室或寝室没有电灯，只有大汽油灯或小油灯。初中学生童子军制服还要求有统一的布料与颜色，穷苦学生买不起合适的布料，只好用旧的白色衣服染色充数。因没有长裤鞋袜，冬天童子军依旧穿短裤，光着脚，顶住严寒坚持上课。战时的生活如此艰辛，但师生们依然不畏艰难困苦，坚韧不拔地搞好教学工作。艰苦的生活磨难和集美学校优良的校风，让刚读初中一年级的张乾二受益良多。他的学业成绩在班上名列前茅，其中英文、代数、生物（动物与植物）等科都达到优秀，学校给予的评语是"聪明"③。

---

① 张乾二访谈，2012年11月26日，厦门。资料存于采集工程数据库。
② 集美校友总会编：《集美学校校友名人录》（第二辑），中央文献出版社2003年版，前言第1页。
③ 集美中学学生成绩档案，初中56组，1944年。

由于学校的军事化管理，每天清早"老号兵"吹了起床号后，大家都得紧张地穿好童子军制服，打绑腿，参加操练和升旗仪式。在内务管理上要求每个人要摆好个人衣物、床上用品和洗漱用品等。这种方方正正、整齐划一的刻板学习生活，也让从小养成粗犷、懒散性格的张乾二觉得不习惯，有时不愿意去做。他回忆说，有一次他和一位安溪籍的同学共同策划，要让操场上的旗子升不上去。两人偷偷把捆在旗杆上的两股绳子割去一股，不料因割错了另一股，旗子马上掉落在地，两人被老师逮个正着，受到学校严厉训斥。还好这个同学的家长与学校熟悉，后被罚赔，才算了事。

张乾二对于上课，有时候也凭兴趣，如文史课有时不爱上，就开小差旷课。因此在初中阶段，每学年学生登记表上有关"升留级"和"备注"栏内，常有学校给予批评的语句，如"不注意秩序""内务欠整""顽皮"等。虽然如此，老师还是很看重这位海边少年的聪颖天资和数理学科突出的才气，对他并不嫌弃，而是耐心给予教育和引导。

战时的内地山区，学校内外的自然环境也甚为恶劣，因贫穷和落后，医疗卫生条件极差，山村里常发生瘟疫等，特别是俗称"打摆子"的疟疾在学校师生中时有发生。张乾二在升入初二年下学期时，就曾多次患病。他回忆道：

> 那时候生活是很艰苦的，我记得有一次我念一年后，休学一个学期。第二个学期我就不愿意去，被父亲赶出门。那时候我才十三岁，像你们现在还是很宝贝的。同伴们已经走了，我只得一个人一边哭一边走。到安溪的时候要过很多的山、河，我一边哭，一边拿着一根竹竿做拐杖，再拿一根竹竿挑行李，就这样走过去。所以父亲是比较凶残的，要求比较严格，做妈妈的比较温柔，我母亲一直跟我爸爸为这个事情吵，不让我走。因为那时候太辛苦，同伴们都走了，只有我自己一个人，要走一百八十里路，从家

里走到安溪。①

1939年春,集美联合中学因学生数激增,校舍不足,学校决定将职业学校另迁大田县,成立福建私立集美职业学校。在安溪的集美中学也在1940年分设高中和初中两部。1941年8月,集美中学高中部迁往与安溪相邻的南安县西北部的山区小镇诗山,借用该镇一个土名叫"登科头"的闲置房屋作为校舍,并于秋季开学。

1944年2月,十五岁的张乾二完成初中阶段的学习,顺利升入时在南安县诗山办学的集美高级中学一年级,编入高中二十二组就读。经历了三年多的艰苦求学和生活磨炼,这时的张乾二已经养成远离家乡和父母的独立生活能力,在个人的品德操行和学业进取方面也逐步走向成熟,偏爱数学和理化等科,不喜欢文科的特点也开始形成。

当时,虽处在抗日战争年代,但集美中学高中部对学生学业依然如战前一般严格要求,尤以重点学科语文、英文、数学3科,都在教学计划中提出特别"注意事项":国文科提出"所授范文除要深入研究内容外,并须强调背诵";"每两周举行测验一次,教务处并得临时举行抽考";"每两星期作文一次,以上均由教师命题,课内写作,当堂缴卷为原则";"每生每学期须阅读课外书籍一种,并应将读书心得及疑问词句认真札记,每两周缴交一次,由教师批改后发还";"三年级各组应由教师搜集毕业会考或大学入学试题,试行练习,以预测本校学生的程度"等。②英文课强调"教授课文时,应兼及文法的讲解及会话的练习";"上课时应令学生拼字,默写或口头答问";"低年级学生每周应练习造句一次,高年级学生每两周应作文一次";教师应"指导学生课外阅读";"由教务处集合各组学生举行英语演讲比赛"。数学课提出"应授的教材,须按规定的进度顺序讲完,不得省略";"课后练习应求普遍(即每位学生都得完成)";"每周举行测验一次";"遇

① 张乾二访谈,2012年11月26日,厦门。资料存于采集工程数据库。
② 洪诗农:《中国名校丛书·厦门市集美中学》,人民教育出版社1998年版,第75页。

必要时由教务处集合各组学生举行教学测验或比赛";"三年级应由教师选印各地毕业会考及大学入学试题令学生练习"等。从这些规定中可以看出集美中学对师生的教学与学业的严格要求,学校优良的教风和学风,扎根在严谨与认真的作风上。

教师们遵循"诚毅"校训,责任心强,认真编写教材,备好每一堂课。除了课堂讲授外,还注意课外辅导。学校对学生纪律、学业、生活等各方面也给予严格管理,因此学生学习质量提高很快,学业成绩喜人。刚读完高中一个学期的张乾二,其学期总成绩平均达到80.18分,其中,几何、三角和生物分别取得100分、100分和98分,在全班名列第六。从集美高中二年级,至1947年7月高中毕业,张乾二的学业成绩一直在班上名列前茅。据集美中学保存的张乾二的学籍档案中成绩表总汇,以其高中二年为例,在"学期成绩"一栏中,"大代数"期考100分、几何85分、化学97分,总平均成绩甲等(84.6分),名列全班第三。[1]

张乾二认为陈嘉庚设立的"诚毅"校训对自己影响很大,他回忆道:"做人要诚恳,做事要有毅力,这一直是我们作为一个集美学生应该遵循的。一直到现在别的我们不讲,集美校歌我还记得,如歌词中的'春风吹和煦,桃李尽成行;树人需百年,美哉教泽长;诚毅二字中心藏',我都能背出来。我们几个人在唱集美校歌的时候,受到校歌的影响,大家都很感动,很激动。"[2]

集美中学作为一所闽南侨办名校,校主陈嘉庚为了让学生接受一流的教育,特别重视教师的质量。他主张广聘名师到校执教,曾委托蔡元培、黄炎培两位教育家为集美学校延聘校长和教师。虽地处偏僻山区,集美中学高中部的老师,多数是聘请厦门大学以及京、沪、江浙一带,甚至国外留学归来的大学毕业生,其中获得"学士"以上学位者也有相当的比例,另外还有一部分是长期在集美学校服

---

[1] 集美中学学生成绩档案,高中22组,1947年。
[2] 张乾二访谈,2012年11月26日,厦门。资料存于采集工程数据库。

务的资深老职员。他们受到陈嘉庚爱国精神和为国储才精神的感召，为了抗战胜利这一共同目标走到一起，安贫乐道，坚守岗位，辛勤耕耘，保证了莘莘学子的茁壮成长。

母校实力雄厚的师资队伍，让张乾二受益匪浅、印象深刻。那时有三位担任数学和化学教学的初、高中老师，对他的人品教育和知识积累，影响尤为深远。1945年9月，刚从厦门大学化学系毕业的邓从豪应聘到集美学校高中部任教[①]，担任化学和数学教师。邓从豪教学认真，对学生谆谆善诱，深受欢迎。他讲课特点是侧重推理，逻辑性强，思想严密，演算清晰精准，能启发学生思维。张乾二本来对数学特别兴趣，他注意力集中，听课质量高，很得邓从豪的关注。在《集美学校校友名人录》第一辑中的校友介绍《邓从豪》一文中指出："1945年在安溪任集美中学教师，是张乾二教授的启蒙老师。"张乾二回忆当时的学习情景时说："数学老师邓从豪，他讲课有一个好处，就是很理论同时很抽象，我又偏偏喜欢比较抽象理论的东西，不喜欢解难题什么的。"[②] 他还回忆两位老教师：

> 另外一位教数学的陈延庭先生，他是蔡启瑞先生的岳父[③]。我听他代数的时候经常讲话，他也晓得我比较调皮，经常拿讲义夹来打我的头，我就在教室里头跑让他追。老人家看起来装得很严格，一直要打我，但好像还是喜欢调皮的学生。陈淑元老师是我初中和高中阶段的数学和化学老师，我对她是很崇敬的。我数学经常作弊，不是我去偷看，而是替人家做题，比如说我一个人可以做两份考题，同时做的答案还不一样，证明的方式不一样，这样就要花

[①] 中共厦门市委党史研究室、集美校友总会、集美学校委员会编：《集美学校校友名人录》，中央文献出版社2000年版，第20页。

[②] 邓从豪（1920—1998），量子化学家、教育家、中国科学院院士。其在大学时辅修了数理学系的全部课程，而当时集美高中正缺化学与数学教师。

[③] 蔡启瑞（1914—2016），物理化学家、化学教育家，厦门大学化学系教授、中国科学院院士。

一些脑筋，但是都给老师识别到了，所以我的数学成绩有时候期中考试得零分。我记得有一次陈淑元把我叫去谈话，说打零分是为了教育我。①

陈淑元老师教化学课时，将两种溶液混合，红色液体变成蓝色，再加一种液体，溶液又变成无色了，像变魔术一样，使张乾二对当时的新兴学科——化学产生了兴趣。②

张乾二经历了抗战的动乱时局（1940—1945年），集美中学由沿海到山区，由山区再复员回迁原址的三次变迁，在学时又因病两次休学中断学业，共用了七年时间才完成中学学业。

---

① 张乾二访谈，2012年11月26日，厦门。资料存于采集工程数据库。
② 庆祝张乾二院士从教六十周年。《厦门大学报》（专刊）2008年第793期。

中国，第二故乡

——记美国籍专家潘维廉博士

在美丽的厦门大学校园里，人们一讲起工商管理教育中心的美籍专家潘维廉博士，都会伸出大拇指，称他是一位受人尊敬、不愧为两次获得"福建省优秀外籍专家"荣誉称号的老外……

潘维廉来华之前，在美国已获得法学学士、文化学硕士和管理学博士学衔，而且担任了美国第一国立证券所高级副总裁，主管着公司组织开发战略的实施和发展。论地位论待遇，对一个刚过而立之年的年轻教授，他用不着到外国去"另找职业"。但是，怀着对中国五千年文明史和中国文化的浓厚兴趣，他毅然放弃优厚的工作生活条件，于1988年5月来到中国，到厦门大学海外教育中心学习汉语。半年后，他应聘为厦大工商管理教育中心外籍教师，教授英语和其他几门专业课。

正当他在华工作才几个月的时候，1989年春夏之交发生了北京那场政治风波，一些西方国家唯恐中国不乱，大肆污蔑攻击中国。在这种情势下，潘维廉没有离开中国，而是继续在校工作。他还针对西方国家借人权问题对中国进行的诋毁和造谣，撰写了《西方的人权就人道吗》一文，发表在《瞭望》周刊海外版上。文章以翔实的材料、严密的逻辑和充分的说理，指出西方的人权观的本质，揭

---

* 本文原载《人民日报》（海外版）1994年11月5日第6版。曾于1995年4月获得国家外国专家局与《人民日报》（海外版）"引进国外智力巡礼"征文比赛三等奖。潘维廉博士在该报"外国人看中国"征文中用英文撰写《中国养活了11亿人口》获得二等奖，经学校批准，黄宗实和潘维廉两人一起赴京参加颁奖大会。时任全国人大常委会副委员长李沛瑶出席颁奖大会，为获奖者颁发证书。

示了西方的所谓人权是建立在奴役、压榨和掠夺穷国的基础上的。

潘维廉的文章，字里行间表现了他对中国人民的友谊，对伟大的社会主义中国的理解和热爱。就在当年10月以后，他多次向我有关部门申请加入中国国籍和在华永久居留。1992年，福建省政府同意他的申请，正式批准他在华永久居留。对此，他兴奋不已。在厦门市政府的颁证仪式上，他激动地说："这个居留权不是用枪逼出来的，而是本人自愿作为中国现代化建设的一名平等的伙伴而取得的。"为表明他热爱"第二故乡"之情和在中国永久居留的决心与诚意，他把自己当时应享受的外籍专家月薪一千一百元降为四百元，和中国教授同等待遇；同时又把在美国的公司变卖掉，用他的话说，这是"断了自己的后路"。

潘维廉是一位待人诚恳、工作热情、作风严谨的外籍专家。他在MBA中心担任研究生课程中"组织行为学""公司经营战略与策略""国际比较管理"的英语的教学工作。每天上午8时至下午5时，是他工作的"黄金时间"。他争分夺秒地在办公室里授课、阅卷、写作；中午时间，他不"入乡随俗"进行午休，而是把早上备好的面包、馒头，当作午餐，接着又抓紧工作。大家劝他回家休息，他风趣地说："在家里我敌不过孩子们的进攻。"星期六晚上本是周末，理应是他"八小时以外"的休息娱乐时间，可他却利用这段时间，让学生到他家里补习英语口语和听力，而且利用师生的交际，创造语言环境，了解学生掌握语言的特点，做到因材施教，收到了很好的教学效果。

除了完成教学任务，他还抓紧搞好科学研究工作。他结合教学实践编撰的《组织行为学》（中文版）已经作为厦门大学"工商管理（MBA）系列教程"之一于去年底正式出版发行，受到该校师生和读者的欢迎。他的另一部专著《组织心理学》也正在抓紧撰写中，争取早日出版。

潘维廉认为，某些西方学者，以各种偏见对中国的建设和发展进行有意或无意的歪曲。作为一名正直的热爱中国的外籍专家，他决心以自己的亲身经历，撰写一部介绍中国真实面貌、抒发个人热爱之情的作品，向世人昭示：中国人民依靠自己的力量，努力建设自己的国家，完全可以使中华民族自立于世界民族之林。

与潘威廉合影

　　从黄宗实与潘维廉1995年4月两人赴京领奖到今年，时隔二十六年，2021年元月在厦大校园里，作者遇见潘维廉教授，潘维廉回忆起当年赴京领奖情况，用手机拍下了两人的合影

海角校园花正妍

——访著名经济学家、校友许涤新同志

"六十年来神州变,海角校园花正妍",这是著名经济学家、我校校友许涤新同志为母校厦门大学六十周年校庆亲笔题诗中的两句。它表达了革命老前辈对祖国历尽沧桑的巨大变化的无限感慨之情,也表达了老校友对母校解放后在党的领导下教育事业兴旺发达的衷心敬意。

许涤新同志现为全国人大常委会委员、中国社会科学院顾问、中国《资本论》研究会会长。上月下旬,他因出席在厦门大学举办的纪念马克思逝世一百周年全国《资本论》学术讨论会而重返母校。我们借此机会,访问了这位深孚众望的老校友。

二月二十五日下午,当我们来到厦门宾馆5号楼许老住所的门口时,他热情地招呼我们,并且微笑着用带潮州口音的普通话说:"我已经泡好'铁观音'等着你们了。"许老虽然已是七十六高龄了,但身体硬朗,精神矍铄,谈起话来常常发出爽朗的笑声。许涤新同志,在厦大读书时名许涤生,广东揭阳人。一九二六年在广州中山大学就学。年青的许涤新富于理想,在学时就参加学生运动,蒋介石发动"四一二"大屠杀后,他只好离开中大回到老家。一九二八年秋以"法科特别生"在当时厦门大学法学院经济学系学习。他把兴趣由文学而转向"冷酷而充满战斗性的政治经济学",他满以为在厦门大学或许可学到一些救国救民、振兴中华的本领,谁知那时厦门大学比起中山大学,虽然环境幽静,学校竟是一潭死水,毫无生

---

* 本文原载《厦门大学》1983年第104期,3月9日第4版。

气,他觉得在这里学不到什么,遂于一九二九年年初离开厦门到上海去。

五十年后重返母校,看到母校的面貌发生巨大变化,许老很是激动。他说,那时的厦门大学规模很小,只有五幢大楼呈一字形排列,周围尽是坟墓,荒凉寂寞。我们的学生宿舍在囊萤楼,我住二楼,两个人住一间。那时的大礼堂在群贤楼上,刚好容纳全校两三百名师生员工。

谈到当时学校的教学情况时,许老说:"经济系的教材,全是西方资产阶级的经济学著作,如英国穆勒的古典学派没落时期的经济学说。"谈到教师情况,许老回忆说:"那时经济系延聘不少著名教授,大多是留学英美等国。他们讲课全用英语。教材内容全是西方资产阶级经济学著作。当时有一位教授叫罗忠诩,是英国剑桥大学出身。他崇拜马歇尔。他把法国的季特的经济学教科书作为我们的课本。有一次,我问他什么叫'资本',他答说是Stock(即生产工具)。我对他说,如果工具就是资本,那么使用树枝去采水果的猴子也就是资本家了。他笑着说我是胡扯,并说'你的问题,我不必回答,书上就告诉你道理'。"

当许老正在海阔天空地畅谈的时候,我校经济学院的领导同志探望许老来了。于是,话题自然地转到谈论《资本论》的教学和研究以及如何学习、宣传和研究马克思主义经济理论的问题上来。

众所周知,许老不仅是一位从事党的统战、宣传和实际经济工作的老干部,而且是一位有很高理论造诣的马克思主义经济学家。解放后,他先后出版了《中国过渡时期国民经济的分析》《论我国社会主义经济》《论社会主义的生产、流通与分配》《许涤新经济文选》《中国国民经济的变革》等专著,还主编了我国第一部《政治经济学辞典》,对我国社会主义经济理论的建设做出了贡献。许老对于学习和应用《资本论》的原理来研究和解决我国社会主义经济建设中的理论问题和实际问题,有独到的见解和丰富的经验。他对经济学院的领导同志说:"你们学校有好的传统,王亚南同志担任校长时,带领你们进行《资本论》的研究,取得了很突出的成绩。王老给你们留下了'传家宝',你们要好好继承。"当学院的同志介绍他们当前对《资本论》研究计划时,许老说:"理论联系实践,为四化建设服务,这样来探讨和研究《资本论》,方向对头,定有成效。"许老强调,财经院校,不论哪个专业,都应该把《资本论》作为基本教材和研究的重点。不仅如此,就是工厂企业的厂长、经理、经济管理干部,也应该学习《资本论》,懂一点基本原理。许老列举他几次出国考察所见所闻的事例,说明组织力量应用马克思主义理论,批判外国资产阶级经济学的反动观点的极端重要性。他说,不批判资产阶级的反动谬论,马克思主义正确理论就不能发展。在谈到学习和研究《资本论》的方法时,许老以他的切身体会,提出要集中、持久不断和系统化地学习原著;同时要做好读书笔记,随时把心得体会记下来。在介绍他怎样写《论社会主义的生产、流通与分配》著作的经过时,许老诙谐地说:"我觉得坐牢是最好的读书机会。'文革'把我冲进了牛棚,使我在'牛棚'过了五年又七个月的囚犯生活。这使我意外地获得了重读《资本论》的机会。我于是写了三个'五十万'的笔记。头两个'五十万'不满意。最后一个'五十万'我认真地整理修改,终于在1979年出了该书第一版,约四十五万字。我认为读书贵在踏踏实实,持之以恒,反复地思考,总是会有收效的。"

许老最后勉励大家要发扬母校的优良传统,振奋精神,努力工作,乘改革之年的大好形势,搞好教育的改革,为四化培养更多的有用人才,出更多的科研成果。他祝愿海角校园百花盛开,前程似锦!

六十年来神州爱海角校园花卉竞现日化身齐济事戮力同心

卅年前夏大母校六十大庆

许涤新

时任中国社会科学院副院长的许涤新校友为祝贺母校六十周年校庆亲笔题写的诗作条幅

长怀母校念前徽

——记老校友侯国光热爱母校的事迹

1986年4月，厦门大学六十五周年校庆期间，旅港校友、七十五岁高龄的侯国光（沁音）学长，应邀来校参加庆祝活动。在短暂而令人难忘的日子里，侯学长参加了庆祝大会，参观游览了母校繁花似锦、绿草如茵的校园，出席了学校领导人举行的海外校友座谈会。目睹母校六十五年来，特别是新中国成立后三十六年来的沧桑巨变，回忆半个世纪前自己在母校就学的情景，侯学长感慨万千，心情久久不能平静。在座谈会上，她激动地说："看到母校今天的崭新面貌，真令人神往。如果时间能倒流，我愿再到母校来当一名学生！"

是的，母校的一草一木，母校的师友故旧，母校的青年学子，对于一个五十多年前曾在这里学习的老校友，都充满着无限的爱；而作为前辈学长的她，也把对母校之爱长怀于心。而今，虽然已年逾古稀，然而为母校贡献一份力量的爱国爱校之心，却是那么炽热，那么执着！四月六日庆祝大会之后，她就向学校表示，愿意尽微力为母校做点有益的事。她的心愿，得到母校领导人的理解和欢迎。四月七日晚，参加母校为海外校友举行的宴会之后，她在校友总会副理事长陈仁栋学长陪送下，回到了下榻的华侨大厦，她再一次畅谈了此次回母校的感想，同时亲自将一张面值五万港元的支票（香港银行的存款）请陈

---

* 本文原载《厦大校友通讯·校庆六十五周年专辑》，厦门大学校友总会编，1986年6月。

校友总会副理事长陈仁栋教授接受侯国光校友捐款

学长代为转交给母校，充作学校发展事业的基金。

在举行捐款的简单仪式之后，侯学长深情地说："这是我对母校的一点心意。这一点钱，原是我准备作为个人生活费用而存在香港银行里的。现在，我的儿子、媳妇、女儿、女婿都在美国工作，儿子是美国的终身教授。他们都在美国成家立业，生活自己安排好了，用不着我操心；而我自己也有一点积蓄，也用不着他们的供奉。考虑到我的生活费用仍有些少节余，又受到海外侨胞和校友为祖国振兴教育做贡献的精神所激励，因此，我捐出这一点钱，让其发挥更大的作用，也算给在海外、港澳校友为母校做贡献，起个'抛砖引玉'的作用吧！"在校庆之前，侯国光学长接到我校人类学系关于扩大和建设人类博物馆而致校友的一封信之后，也曾慷慨地捐献五千元人民币，作为母校发展博物馆的费用。侯国光学长热爱母校、为母校事业的发展做出积极的贡献。她的爱国爱校的实际行动，受到了母校领导人、师生员工和校友们的普遍赞扬。对此，她却谦逊地说："我是七十多岁的老人了，不是为了出名而做出这一举动的。我是三十年代的毕业生，亲身感受到母校创办人陈嘉庚先生伟大的爱国精神，出于对母校的热爱，也希望母校更大的发展，为祖国培养更多的建设人才，我才下了决心，为母校事业的进步尽自己的微力，区区之意，不足声扬！"

侯国光校友出生于上海，年轻时就极富正义感并养成勤学好问的品格。她家境小康，父母请了家庭教师，为她的兄弟们施教，可是女孩子却不许读书识字。她对于这种"男尊女卑"的旧观念极为不满。她为了读书识字，就每天偷偷地在书房的窗口旁听，后来竟取得好成绩。以后，经过努力，辗转考入福州的一所女子师范学校，毕业后又考取厦门大学教育学院教育心理学系。在校期间，她聪明好学，成绩优良，深得老师们的赏识。1933年，在毕业之前，她选

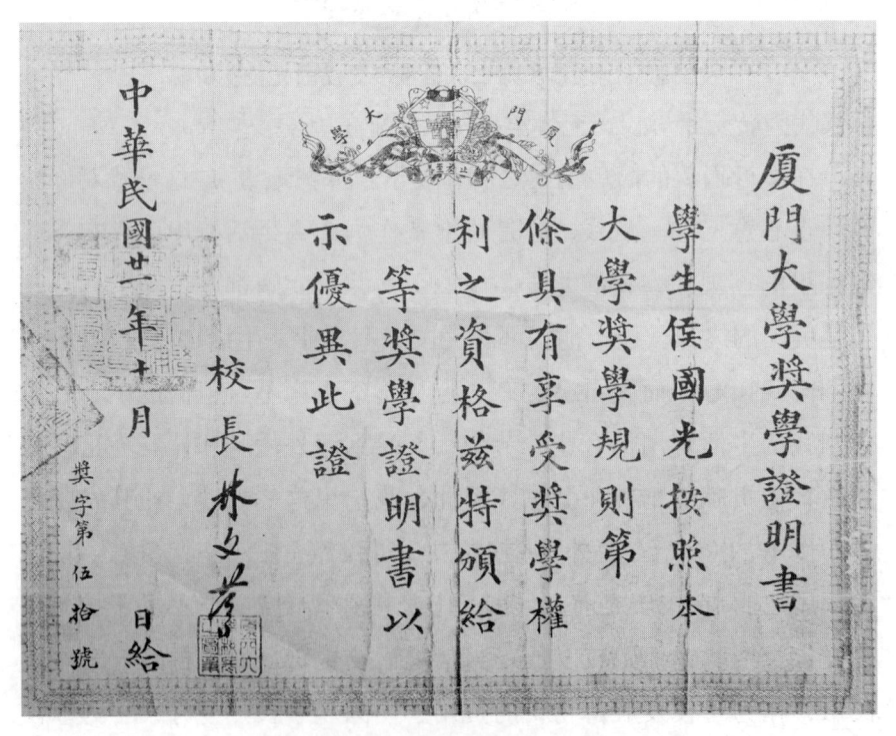

侯国光在校时获得嘉庚奖学金的证书

修了著名教育学家钟鲁斋教授的"教育科学研究"专题课，同时又在厦大附属实验小学兼任教员。任教期间，在老师的指导和小学主任（相当于校长）的支持下，她大胆地将美国教育学家华虚朋（Dr. C.W. Washburne）提出的一种新的小学教学制度（称为"文纳特卡制"）拿到小学实行实验教学，取得了显著的效果。当时，她所做的教学实验，还得到中华教育文化基金会的资助；而她的导师钟鲁斋教授则给予具体的指导和帮助。1934年10月，侯国光将其实验的结果写成书面报告，取书名为"文纳特卡制实验报告"，即由厦门大学教育学院作为"研究丛刊"的第五种，由厦门大学印刷所出版发行。

这次校庆期间，侯国光学长在座谈会上，就校史内容的安排提出意见时，又回忆起她五十多年前在母校实验小学任教时的情景，同时还忆起了当时写的一本书。但因为年代久远，已记不清书名了。当时，因我参加厦大校史资料的编写工作，曾看过这本书。于是我当场说出书名并找到这本书，将书的封面影印一份给她。侯学长非常激动，她对母校的领导说："想不到五十多年前的一本鲜为人知的书，母校还完好地保存着，足见对图书资料的重视。看到这'旧物'，更激励我要永远怀念母校培育之恩。"

校庆过后，侯学长将她保存近半个世纪的、在校获得奖学金的证书托笔者转交学校保存。笔者因编写校史资料需要，复印保存一份至今。侯学长还又另捐一笔款给当时高等教育研究所，该所将《文纳特卡制实验报告》一书全书影印，赠送有关人士和图书馆。

毛泽东"华侨旗帜　民族光辉"题词之由来

今年的4月6日，我校将迎来八十五周年华诞，在这一特殊的日子里，回顾校主陈嘉庚先生抗日战争时期的一段艰辛经历和毛泽东八字题词的历史事件，具有特别的意义。

1942年2月至1945年8月，陈嘉庚先生因时局关系避难印尼爪哇，我校校友和爱国华侨不顾个人安危极力保护校主安全。1945年10月2日，陈嘉庚结束在印尼东爪哇三年的避难流亡生活，乘飞机返回新加坡。到达后，即向新闻界发表谈话，并在报上登载他避难时的化妆照片。侨胞们得悉这一令人振奋的消息，喜趣交杂；校主的怡和轩公馆车水马龙，极一时之盛。10月21日，新加坡五百个华侨社团，为了欢迎陈嘉庚安全归来，特意选择在他七十二岁华诞之日，联合举行盛大的庆祝集会。

紧接着，由厦门大学校友会重庆分会和重庆集美校友会等十个社团联合发起的"陈嘉庚先生安全庆祝大会"也于11月18日在重庆隆重举行。

是日，市民群众和各界人士获悉举行大会的消息后，纷纷主动前往参加，与会者共五百二十余人。当时仍在重庆谈判的国共两党高级代表团部分成员，都直接或间接地参加了庆祝大会。国民党代表团成员（主管代表）张治中和国民党中央监督委员邵力子亲临大会。邵力子担任大会主席。国民党元老于右任、著名爱国人士沈钧儒、

---

*本文原载《厦门大学报》2006年第676期，5月28日第2版。

黄炎培、柳亚子和文化教育界著名人士陶行知、郭沫若等也都出席了大会。

毛泽东赠送大会的一幅单条八字题词"华侨旗帜 民族光辉"以电报形式从延安发到庆祝大会，周恩来和王若飞联名给大会的贺词，都高度评价了陈嘉庚先生的爱国精神和对祖国的贡献。

大会的主席台两旁挂着"南洋华侨八百万 复兴民族一条心"的对联。大会主席邵力子在致辞中高度概括陈嘉庚先生的伟大人格和爱国精神，指出他的一生就是"兴实业、办教育、勤劳国事，言人之所不敢言，为人之所不敢为"。而曾经担任过厦门大学创办之初的筹备委员黄炎培先生在讲话中指出"无私的，不是为了沽名钓誉，而是要祖国的后代们受到和国外一样普遍的教育"，所以纵观中外"发了财的人，而肯全拿出来的，只有陈先生"。周恩来和王若飞的贺词写道："为民族解放尽最大努力，为团结抗战受无限辛苦，诽言不能伤，威武不能屈，庆安全健在，再为民请命！"于右任在大会纪念册（签名本）上题写了"为国增光"四个大字，赞颂陈嘉庚。

而在所有给大会的联句、贺词、条幅中，最能高度概括陈嘉庚精神内核的，莫过于毛泽东送来的"华侨旗帜 民族光辉"八字题词。

此次庆祝大会，总结了陈嘉庚先生为国为民、光明磊落、临危不惧、虚怀若谷的伟大人格和高风亮节，同时也在客观上配合了当时的国内政治形势，有力地推动了反对内战、民主建国、振兴民族的潮流，具有深远的历史意义。大会的第二天（11月19日），重庆各界人士五百多人举行了反内战大会。

欢迎王亚南就任厦大校长的一张老照片

1949年10月1日，中华人民共和国成立，开创了中国历史的新纪元。同年10月17日，中国人民解放军第三野战军第十兵团解放厦门。厦门大学开始走上"人民的新厦大"的新的历史时期。

1949年10月20日，中国人民解放军福建军区厦门市军事管制委员会主任叶飞、副主任黄火星发布教字第1号令，宣布接管厦门大学。委派吴强、萧枫为正、副军事代表，负责进行接管事宜。

由于汪德耀校长于厦门解放前夕的9月份赴英国讲学，代理校务的教务长陈朝璧即于10月21日函呈厦门市军管会，表示要切实执行教字第1号令，完全服从军事接管。

10月21日，军事代表吴强主持组建中共厦门大学支部委员会，林云程任党支部书记。党组织的成立，有力地配合军事代表，领导全校师生开始了建设人民的新厦大的历史进程。自11月份起，学校当局按照中央提出的"维持原状，逐步改进"的方针，抓紧进行复校与复课的各项工作。原来因战事而离校的教职员和学生，遵照军事代表和校方的联合通告迅速返校。

12月21日，原有的二、三、四年级学生正式上课。1949年度理工两学院招收的一百多名新生也于1950年1月15日正式上课。学校的教学与管理秩序，渐趋正常化。

1950年3月，汪德耀从国外返校。为更好地推进校务，军管会

本文原载《厦门大学报》2006年第678期，3月10日第4版，标题由作者重新拟定。

1950年，王亚南（前排左五）就任校长时与军代表及师生代表合影。前排陈朝璧（左一）、卢嘉锡（左二）、吴强（左四）、汪德耀（左六）、肖枫（右五）、余謇（右四）、林惠祥（右一）等

决定由汪德耀、余謇、卢嘉锡、林惠祥、陈朝璧等九人和学生代表二人共十一人组成厦门大学临时校务委员会，汪德耀任主任委员。5月24日，中央人民政府教育部任命王亚南（时在清华大学任教）为厦门大学校长。

1950年7月6日，王亚南由北京抵达厦门，受到全体师生员工的热烈欢迎。7月12日，王亚南正式到校视事。在军事代表的主持下举行了新旧校长移接手续的典礼仪式。这一张珍贵的历史照片，是交接仪式结束后，全体与会的教职员和学生代表在群贤楼前的合影。

萨本栋为厦门大学校名加"注脚"

　　萨本栋先生接任林文庆，主持厦门大学校政的时候，正好碰上抗日战争全面爆发。当时厦门大学几次遭到敌寇蹂躏，为了求得生存，由厦门内迁山城长汀。一九四〇年四月六日，在长汀举行厦门大学十九周年校庆大会，萨本栋先生发表讲话，勉励全校师生要克服困难，坚持抗战，勤奋工作，以图自强。在讲话中，他还别开生面地给"厦门大学"四个字作了一番"注释"。他说：厦门大学这四个字的意义，不止是校址在厦门，它还有"学厦之门"的意思。在此门之内与此门之外，也许有许多不同，一进此门的人，所见所闻，是与外面不一样。我非常希望各位同学进此门之后，能尽力研读，出此门之后，也能把所学到的知识贡献给社会。萨本栋这样一说，竟赋予"厦门大学"新的含义。它的中心意思，显然在于鼓励青年学生要珍惜在厦门大学学习的机会，刻苦钻研，争取学有所成；而在将来毕业走出校门之后，能把自己的才干贡献给社会，造福于人类。萨本栋先生的这一"注脚"，虽然是四十多年前提出的，但是从教育的根本目的在于培养有道德有知识的一代新人来看，至今仍然有它的教育意义。

＊本文为广播稿，系为厦门人民广播电台"名人轶事"专题供稿，后被收入该电台编辑部编的《天风海涛》听众服务台文选第七辑，1983 年 8 月。

厦门大学校歌作者与歌词释义

20世纪初，随着现代教育制度的诞生，我国开始兴起"学堂乐歌"，即新型学校学生们所唱的校歌。爱国华侨领袖陈嘉庚先生创办厦门大学之前，就事先计划创作校歌，将学校的校训、办学理念和宗旨融入校歌之中。厦门大学校歌，与校龄同庚，2006年4月即将迎来它的问世八十五周年。校歌主题明确、集中，即爱国爱乡、勤奋好学、诚信进取、追求高远，体现了办学者对培养学生成为德、智、体、美、劳全面发展的人才的高度重视和殷切期望。从建校伊始举行开校式的第一天起，就以其独特的个性、自强不息、催人奋进的歌词和优美的旋律、雄伟的气势，激发一代代厦大学子，从集美学村、鹭江之滨开始，唱遍八闽九州，唱遍中华大地，唱遍五洲四海，让十二万多名的毕业校友，留下青春的心声和美好的记忆。

说起《厦门大学校歌》，就让我们联想起创作这首闻名于世的歌曲的两位作者：歌词作者郑贞文先生和谱曲作者赵元任先生。两位专家学者虽然都已作古，但他们在厦门大学校史上却留下永不消逝的美名。

郑贞文，字幼坡，号心南，1891年3月2日出生于福建长乐一个没落的封建家庭，三岁失怙，在其母亲悉心教诲下勤读诗书。他自幼聪慧过人，十二岁考取福州府秀才。不久，科举制度废止，转入新学堂学习。1906年，年仅十五岁的郑贞文，在其族亲的帮助下，赴日本求学。留日期间，受革命思潮的影响，于1909年加入孙中山

---

* 本文原载《老教授论坛》系列论丛第四集，厦门市老教授协会编，厦门大学出版社2006年版。

的同盟会。1911年武昌起义后辍学回国参加革命，被任命为福建省都督府政务院教育部专门科科长。1912年4月，改任视学官，被派往南洋视察华侨教育，在那里认识了爱国华侨陈嘉庚先生。1912年8月，又赴日本继续学习高中课程，次年春回闽省亲，与林鼎瑛女士结婚。暑假后重返日本，继续完成学业。1915年考取日本东北帝国大学理科，修习化学专业。1918年以名列第二的优异成绩毕业，获理学学士学位。是年秋，他应商务印书馆编译所所长张元济之邀，到该所任理化编辑，翌年担任理化部主任。

1920年10月，邓萃英应聘担任厦门大学校长，即邀请郑贞文担任厦大教务处主任（作者注：有的文章说郑任教务长，查有关校史资料，当时学校组织机构中并未设教务长职务，而只设有教务处、总务处、编译处等），郑贞文因前述在南洋考察时结识陈嘉庚，深为陈嘉庚爱国兴学义举所感动，即暂向商务印书馆告假，回闽参加筹建厦门大学。筹办期间，他在集美学村时，与陈嘉庚先生毗邻而居，对于校舍建设和学校初期部、科设置曾一起参与策划。在一切筹备工作基本就绪时，邓萃英即制定厦门大学大纲，确定"自强不息"为校训。在他看来，"大学之要务有三：一，研究学术；二，培养人才；三，教育与社会连成一气。此三种要务之外，尚有一种要务，就是'自强不息'四个字"。彼时，"自强不息"即厦门大学校训。郑贞文在创作厦门大学校歌歌词时，对校训"自强不息"蕴含的精神内核有深刻的理解，又联系到陈嘉庚先生的发奋图强，依靠自力更生发财，尔后又倾资兴学为国育人的经历，加之他有深厚的学养和高超的文字功底，终于创作了这首文白结合、字句简洁、词意美妙、韵律铿锵、易记易唱的歌词，为尔后厦门大学的人才培养和文化传承谱写了动人心弦、启迪文明的精彩一页。

1921年4月6日，厦门大学假集美学校即温楼举行开校式。在开校式的会场上，首次唱响厦门大学校歌。学校正式开学时设师范、商学二部，师范部又分文理两科。招收学生原计划一百二十名，实到九十八人。开学不久，邓萃英于5月3日辞去校长职务，陈嘉庚先生即电邀新加坡的林文庆博士接任校长。7月4日，林文庆校长到校视事。此时，郑贞文仍任教务主任兼秘书，负责学校开学后诸多事务。1922年秋，郑贞文离开厦门大学，仍旧回商务印书馆工作。他在商务印书馆任职十三年（1918—1932年），编译出版了大量的理化书籍。1932年年底，经国民政府主席林森推荐，郑贞文回到家乡，担任福建省教育厅厅长多年。1937年厦门大学改成国立时，郑贞文也参与政府接办厦大的事宜。抗日战争时期，厦门大学内迁闽西长汀。郑贞文曾于1939年7月奉教育部电派代表教育部到厦门大学视察。在视察期间接受记者采访时发表讲话，对厦大"当局措施有方，努力苦干各点，甚表满意云"（《厦大通讯》1939年第1卷第8期）。

1949年新中国成立后，郑贞文任福建省文史馆馆员。他多才多艺，著作甚丰。在"文化大革命"十年浩劫中几受折磨，因患肾脏病于1969年12月24日逝世，享年七十八岁。他的事迹已载入《中国科学技术专家传略》。

郑贞文与夫人林鼎瑛育有三子一女，各以单字取名为"真、善、美、玄"，可见其文学修养及志趣之一斑。其次子郑善，1942年考取厦大会计系，1946年毕业，长期从事银行及财务工作。1994年4月校庆七十三周年期间，曾来母校参与1946级级友重聚活动的筹备和会务，彼时，本人在校工会任职，因校友聚会借用工会俱乐部场所，曾帮助该级校友聚会的会务，与郑学长因此相识，会后郑学长写了《1946级级友94母校重聚活动记》一文，刊载于本人为校友总会编辑的《厦大校友通讯》丛书第1集（1996年5月出版）。郑学长不幸于1995年病逝于福州。

为《厦门大学校歌》谱曲的是美籍语言学家、著名学者赵元任先生。赵元任（1892—1982年），原籍江苏武进，1892年11月3日出生于天津，后入美国籍。1910年考取清华官费留学，曾就学于美国康奈尔大学，毕业后又转入哈佛大学，获哲学博士学位。历任清华大学，美国夏威夷大学、耶鲁大学、加利福尼亚州立大学教授。早年从事国语运动，后致力于语言学研究，曾任美国语言学会会长，美国东方学会会长。在音位学理论、中国音韵学、汉语方言以及汉语语法方面造诣很高，著述丰富。对于现代音乐，赵元任因有广泛的兴趣和良好的音乐才能，也谱写了许多音乐作品。二十世纪三十年代流传于中国乐坛的独唱歌曲《叫我如何不想他》(刘半农作词)就是赵元任的得意之作，至今仍流传甚广，常唱不衰。其著作流传于世的有《国音新诗韵》《现代吴语的研究》《中国话的文法》《湖北语言调查报告》《瑶歌记音》《音位标音法的多能性》《国语字典》以及《中国社会语言学论文集》等。

赵元任在为厦门大学谱曲的时候，正是他担任美国康奈尔大学物理系讲师之后，于1920年至1921年间回国，在北京大学哲学系担任国际著名哲学家罗素的翻译员工作期间。当时，担任厦门大学文学院教授的著名语言学家周辨明及其妹妹、著名音乐家周淑安，均留学美国哈佛大学，与赵元任过从甚密，据彭一万先生推测说，厦门大学校歌是通过周氏兄妹敦请赵元任先生谱曲的(见彭一万《百载学堂乐歌 乡土人文宝箴——厦门早期校歌集萃》，载《厦门晚报》2003年7月13日)。

据赵元任的长女、曾任美国哈佛大学教授、现居Cambrige，MA的赵如兰女士回忆说："父亲写的歌曲，除了少数例外，绝大多数是用别人写的歌词来谱曲的。但是他为什么选这首歌词而不是那首歌词，也是完全偶然的。他谱了很多朋友们的白话新诗，也谱了很多平民教育歌、儿童节歌、劳动歌、各种社会运动歌、团歌、校歌、抗战救国歌……父亲的作品，多少反映他所处的社会，他所接触的人物和事件。"(《回答一些关于父亲的问题》，载《中国音乐》1983年2月)。对于厦门大学校歌，因为是赵元任先生谱曲，赵如兰女士曾于上世纪四十年代将厦大校歌继续撰写四部和声，足见赵元任对此曲的重视。而旅居台湾的1948级厦大校友叶燊之子叶树涵，是位音乐家，也曾为其父在台的同学举行母校校庆活动时，对校歌的歌谱进行诠释，提出将"吁嗟乎南方之强"唱三遍。

1986年4月，在庆祝母校六十五周年之际，美国校友会代表李联欢学长回到母校，曾把台湾校友会整理的，并由赵如兰改编、叶树涵先生指挥合唱，钢琴和管弦乐团伴奏的《厦门大学校歌》录音带赠送给母校，供母校师生传唱，也供举行校庆典礼仪式时演奏。关于校歌歌词的诠释，已有许多学者和校友进行过研究，出现多种"版本"。笔者不揣冒昧，提出一些理解和看法，愿与诸君共同探讨。

歌词的中心思想，是依据建校初始阶段制定的"自强不息"校训加以阐发而创作的。歌词分两段，句式整齐，用词优雅，每段首尾皆突出一个"强"字，由"自强"进而达到"南方之强"，语句前后呼应与逻辑联系，都极为严谨而精练。

"自强不息"语出《易经》"天行健君子以自强不息"。按照首任校长邓萃英在厦门大学成立开幕式上所说的，大学之要务除以"研究学术"、"培养人才"和"教育与社会连为一气"这三项外，还需再加上"自强不息"这一要务。就是要求每从事一项事业，必须努力向上，永不懈怠，方能有成效。他联系到陈嘉庚爱国兴学的光辉历程，以坚定的口气说："办此大学之人，均以精神贯注，无论五年十年二十年三十年，毫无懈弛，乃能获效。陈嘉庚君诚自强不息之人，观其以往，即可卜其将来。初办小学，继办中学师范，今办大学，其热心教育，有进无退，故此后办学，必无倦怠之心。"而在此之前，陈嘉庚在1919年7月《筹办厦门大学演讲词》中就已经为"自强不息"的校训精神作了正确而全面、生动而感人的描述了。他说："民心不死，国脉尚存，以四万万之民族，绝无甘居人下之理。今日不达，尚有来日，及身不达，尚有子孙，如精卫填海、愚公之移山，终有贯彻目的之日。"

歌词第一段"自强自强！学海何洋洋！谁欤操钥发其藏？鹭江深且长，致吾知于无央"。句中的"洋洋"指水面广阔，引申为知识浩如烟海，学问无穷无尽，与末句的"无央"相呼应；"央"，终止之意，就是指追求学问、知识，要不断努力，毫不松懈，永无止境。整段的意思包含两方面：第一，要求教师在授业解惑、传授知识的时候，不能照搬书本、照本宣科，而是要注重启发学生，让他们掌握获得知识的方法。教育界有个论点"过程比结论更重要"，就是要求让学生通过学习，从教学过程中去领悟得出结论的方法。第二，要把学习书本知识和实践结合起来，要能动手，善"操钥"，才能开发知识宝藏。在学校，不论是上图书馆还是进实验室，用手中掌握的"钥匙"去启开科学与文明之门，去为人类创造物质财富和精神财富，为人类社会的进步与发展做出贡献。面对泱泱学海，莘莘学子可以手"操""发藏"之"钥"，在校时汲取知识，开发智力；走出校门踏上社会之后，能以其所学贡献国家服务人民，而且在实践中不断探索新的科学文化知识，这样才能像鹭江那样，既深且长，"致吾知于无央"。

歌词的第二段"自强！自强！人生何茫茫！谁欤普渡驾慈航？鹭江深且长，充吾爱于无疆"。"无疆"，指无穷无尽之意。这一段突出的是人本精神，就是说，学生不仅要学会治学，更要学会做人。百年树人，教育为本。树人的根本，在于教化，在于学生的养成教育，也就是道德和独立人格的培养。"人生茫茫"并非指对前途命运感到无望的消极情绪，而是有深刻的含义。就是说，面对这苍苍茫茫的人生，我们的要务是什么？我们要依靠自己，自强不息，发奋努力，注重培养独立的人格、高尚的道德情操，使自己成为一个高尚的人、纯洁的人、能为人类社会做出贡献的人。抑或是相反，遇到困难，悲观失望，对待学习，缺乏信心，畏难退缩，成了一个无所作为的人？"普渡驾慈航"，这里的用词，虽然使用了佛教的词语，但绝非是用佛经来教育学生，而是有深刻的含义。这是指老师要为人师表，言传身教，即"学为人师，行为世范"，对学生进行指点和教导，引导他们走上正道，成为人才；要求学生在个人道德修养方面，要有宽阔的胸怀和慈善的涵养与博爱的精神，为人民的福祉与社会的进步而奋斗。这里的"爱"，含义既深且广，既指师生之间、同学之间、教职员工之间纯真的感情和友爱；也指每个人要养成互助友爱的"团队精神"，人与人之间和谐相处，相互帮助，相互爱护，共同推进人类社会的物质文明和精神文明。这种"充吾爱于无疆"的境界，也就是本校办学宗旨的体现。在《厦门大学校旨》的开头，就点明这一歌词的深刻含义："本大学之主要目的，在博集东西各国之学术及其精神，以研究一切现象之底蕴与功用，同时并阐发中国固有学艺之美质，使之融会贯通，成为一种最新最完善之文化。"这里把治学与做人的关系，即如何治学，如何教化，方能培养德、智、体、美全面发展的人才，做出了精确而深刻的阐述，校歌歌词的意义也充分地体现出来。

歌词的最后是向全校师生提出共同勉励和号召："吁嗟乎，南方之强。""南方之强"语出《中庸》第七章。文为"子路问强。子曰：南方之强欤？北方之强欤？抑而强欤？宽柔以教，不报无道，南方之强也，君子居之。衽金革，死而不厌，北方之强也，而强者居之。"朱熹的《四书章句集注》中对"南方之强"的解释是："南方风气柔弱，故以含忍之力胜人为强，君子之道也。"这是说，南方风气与北方风气的刚劲、以果敢之力胜人为强是不同的。对于地处亚热带、四季如春的温馨和美丽的海岛城市厦门来说，校址设在其东南端的厦门大学，正具有南方之气的温和、宽厚、沉稳的个性，她的强大正体现在以柔克刚、宽柔以教的风格。

厦门大学是中国高等教育史上第一所由爱国华侨独资创办的大学。陈嘉庚先生在筹办之时，于1920年11月发表《陈嘉庚筹办厦门大学演讲词》，强调要把厦门大学办成"南方之强"。他说，"尝观欧美各国教育之所以发达，国家之所以富强，非由于政府，乃由于全体人民。中国欲富强，欲教育发达，何独不然"，"国家之富强，全在乎国民，国民之发展，全在乎教育"。正是这种炽热的教育兴国、强国之爱国精神，鼓舞了陈嘉庚先生倾资兴学、不惜一切代价、全力以赴办教育的昂扬斗志。不仅如此，他还对把厦门大学办成"南方之强"的高等学府，充满乐观必胜的信心。他在"演讲词"的最后说："但鄙人对中国前途甚抱乐观。何也？因中华共和国纪念日为十月十日，此四字合成，则含有'朝'字，则中国之前途，犹如'朝气'蓬蓬勃勃之现象。"（笔者注：这也是对"南方之强"的绝妙解释）"吾人既生于此时，可不努力前进（笔者注：这就是要有'自强不息'的精神），以达此蓬蓬勃勃之地位乎？"笔者认为，陈嘉庚在筹备厦门大学之时的这个讲演，就是对"南方之强"意义的最生动的表述和最准确的阐发。就是说，要强国必强校，振兴国家要靠人才，必须以教育为本，而办好教育，在于发扬自强不息、宽柔以教之精神，以培养优秀的国家建设人才。

"吁嗟乎"是感叹词，这里是表现发出号召的语气，要求全体师生员工共同努力，以自强不息之精神，达到"止于至善"之境界，培养造就的人才要达到"使本校之学生虽足不出国外，而其所受之教育，能与世界各大学相颉颃"。也就是要把学校办成与世界著名大学相媲美，中国南方之著名的高等学府。

诚如美籍化学家、知名校友李联欢在母校六十五周年校庆大会讲话中提出的："我猜将来所指的'南方之强'，可能有更广泛的意义，说不定有一天，我们可以自慰：北方有清华、北大，中有交大、复旦，东有斯坦福、哈佛，西有牛津、剑桥，而南方有我们的厦门大学！"进入21世纪，厦门大学已经成为中国教育部直属的综合性重点大学，也是国家"211工程"和"985工程"重点建设的高水平大学之一，2004年又被列为中央直管的大学。学校提出的奋斗目标是，希望全校师生共同努力，遵循"自强不息，止于至善"的校训，发扬学校固有之陈嘉庚先生的爱国精神，罗扬才烈士的革命精神，以萨本栋校长为代表的艰苦办学的自强精神和以王亚南校长、陈景润院士为代表的科学精神等"四种精神"，奋发进取，把厦门大学建设成为世界知名的高水平研究型大学。我们坚信，厦门大学实现"与世界各大学相颉颃"，成为"南方之强"的目标已指日可待。

群贤楼底层廊厅墙壁上的两方铭功碑刻

群贤楼是厦门大学建校初期校舍的主体建筑，自1922年建成投用至今已有近百年的历史。该楼及其东西两侧一字排开的映雪、集美、同安、囊萤四栋楼，现已被登记为全国重点文物保护单位。

自2006年校庆八十五周年起，群贤楼底层已辟为厦门大学校史展览馆。到此参观者路经大楼正中廊厅时，必定要驻足细看两侧墙壁上的两方铭功碑刻。它们分别记录了爱国华侨黄奕住先生和曾江水先生捐资帮助厦大图书馆建设的历史功绩。

这两方碑刻历经七十多年的风雨岁月，至今仍保存完好。它们不仅是厦门大学建校史上的重要文物，而且在文学、书法和校史研究方面，也具有重要的价值，可以说这也是中华民族传统文化的瑰宝之一。

怀着对侨界先贤的缅怀与崇敬之意，凭借对厦大校史的粗浅了解，笔者试着就两方碑刻的内容、意义及两位校史人物做个介绍，让人们从一个侧面来了解学校创办初期，校主陈嘉庚先生独立支撑起厦大办学的艰辛历程，和海外华侨对陈嘉庚爱国兴学壮举的关心与支持，同时也启示人们饮水思源，铭记先贤慷慨捐输、乐于助人、热心公益的功德。

为解读碑刻意义，先将两方碑刻内容抄录如下：

廊厅左侧碑文是："黄君奕住慷慨相助有益图书其谊可著　中华

本文原载《厦大校友通讯》2008年第2期。

民国二十年六月厦门大学建立。"该石刻高1.18米，宽0.58米，系白色花岗岩石质。碑文为楷书镏金白文。

廊厅右侧碑文是："曾君江水为尊者寿慷慨相助图书以富范畴题署用识孝思更多其义勒石缀辞　中华民国二十年六月厦门大学建立。"该石碑高1.20米，宽0.59米，也是白色花岗岩石质，楷书镏金白文。

从碑文看，两方碑刻相同的意义，都在赞颂黄奕住、曾江水两位先生捐款赞助厦大的义举。不同的是，黄奕住的捐款是用于购置图书以增加馆藏数量（即"有益图书"）；而曾江水则是捐赠以他父亲的名字题署馆名的图书馆建筑费（即"相助图书"）。为让人们全面了解两位华侨先贤的历史，根据有关史料，就两位侨界先贤作简要介绍于下：

黄奕住先生1868年生于南安县金淘镇。少时务农。二十岁时随乡人往印尼三宝垄谋生。初以理发为业，人称"剃头住"。稍后改业从商，以收购土产贩卖杂货为主，至1907年已拥有数十万荷盾的资本，1910年创设"日兴行"，并先后在印尼、新加坡等地开设分号。第一次世界大战期间，专营蔗糖业，获利甚巨，终成富豪。1920年携资回国，定居厦门鼓浪屿。1921年于厦门创设"日兴银号"，同年又在上海创设中南银行，后又投资菲律宾中兴银行。二十世纪二三十年代黄奕住在厦门被举为市政会副会长，投资开办房地产公司，以后又创办厦门电话公司和自来水公司。

黄奕住热心教育事业。在其家乡创办斗南小学，在鼓浪屿创办慈勤女子中学，并先后赞助厦门大学、北京大学、复旦大学等高校以及新加坡两所侨办中学。1945年6月，黄奕住病逝于上海。

曾江水先生祖籍厦门，出生于马六甲，是陈嘉庚先生的亲家。曾江水早年在马六甲开设"承龙发号"，经营橡胶业。其后在马六甲和新加坡投资种植橡胶、兴办实业，终成为二十世纪二十年代马六甲橡胶企业首富。抗战时期，曾江水带头购买战时公债，呼吁华侨和侨居地及印度人民支持中国抗日。太平洋战争爆发后，他携眷返回重庆，抗战胜利前夕病逝。

曾江水热心社会公益，除在侨居地捐资创办中小学外，二十世纪三十年代慨捐巨款支持厦门大学，此外还捐助厦门中山医院等。

有关黄奕住的铭功碑刻，从字义上，对他的功绩是比较易于理解的。据校史记载，在厦大办学经费发生困难之时，黄奕住率先于1927年捐助厦大购置图书款三万元。林文庆在碑刻建立两个月后（即1931年8月），在厦大图书馆主任杨希章编的《黄奕住先生捐赠国文图书目录序言》中详细讲述了黄奕住先生的这项义举：

> 民国十六年间，黄奕住先生首先同情本校，慨然捐助图书费国币三万元，本校因此获益不少。除设法陆续分购中西文重要书籍凡七千几百册外，并就书内各附特别标志，留为永久纪念。

对曾江水的铭功碑释义，得交代一下历史背景。在上世纪二十年代末期至三十年代，陈嘉庚先生经营的实业和企业遭受资本主义经济危机的严重打击，以致在支持厦大的办学经费上发生困难。他原计划投资二十万元建设一座富于古代高等学府宫殿式特色的图书馆专用馆舍，因此无法如愿以偿。此时，曾江水先生伸出援手，慨然认捐二十万元叻币（新加坡币——编者注，一说十八万元），为厦大建图书馆，并拟以其父范畴先生冠名为"范畴图书馆"。但是过后不知何故，捐款未能如数到位，直到三十年代初，才汇来国币九万元。学校因此将这笔捐款用于购置图书和办学经费。从碑刻文字看，曾江水先生捐建厦大图书馆，是要纪念他父亲的寿辰，表示他的孝心。所以碑文写了"用识孝思"。"更多其义"是让人们从更深一层的意义上理解；学校勒石缀辞，意在彰显曾江水对陈嘉庚爱国兴学精神的发扬光大和热心教育事业的义举，同时作为厦大历史上的永久纪念,绝非一般的点缀之义。对上述碑刻的理解,林文庆校长在1931年8月为杨希章所编的《厦门大学图书目录》所写的序言里,也有一段表述,这可为碑文含义提供佐证:

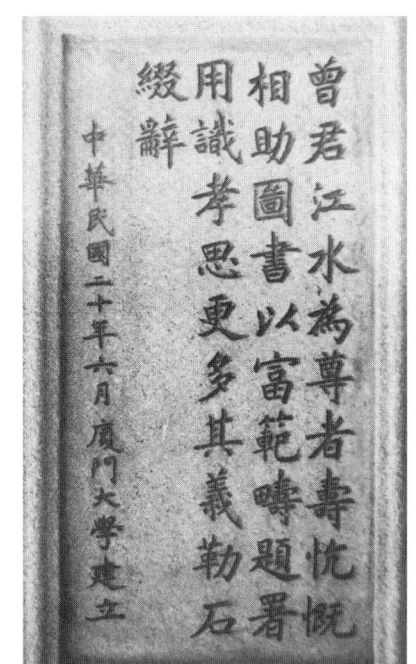

群贤楼下廊厅碑刻

　　禾山曾厝垵曾江水先生,因为要纪念他的父亲范畴先生起见,数年前慨允捐助叻洋十八万元,为建筑范畴图书馆经费,截至现在,已陆续汇到国币九万元左右,这一点,尤其是在本校董事和同人所应当表示感谢不置的。

　　在上述两方碑刻位置的安排上,不是按姓氏笔画和贡献大小,规格一样,排列则按捐赠的时间先后,黄奕住先生先于曾江水先生捐赠图书馆经费,故碑刻位于左侧墙壁。

私立时期厦大校园
文明风尚的一份合约

百年厦大，薪火相传，历史辉煌；厦大百年，文明风尚，故事斑斓。最近，学校发出"奋进新百年 文明新风尚"的号召，动员全校师生遵循大学之道，传承优良传统，共筑文明新风。这是令每一位厦大人欢欣鼓舞、引以为荣、身体力行的大好事。

本文所要介绍的是一份由当事者乙方的后代珍藏的近百年的与早期厦大密切相关的校史资料。这是一个彰显陈嘉庚先生建校是守法度、尊民意、讲规矩、护民生的崇高品德，维护厦大校园和谐和营造文明风尚的动人故事。

这份合约没有标题，原文的开头是签约的甲乙方的名字：一方署名"厦门大学"，另一方署名"杨李贺喜"。这位杨李贺喜就是当时在学校开小店的东边社村民，人称"三姑"的一位农民。

三姑是谁？她怎么会同一所新办大学立约，让我们先从学校初创阶段的相关人和事谈起。

1926年9月，鲁迅先生到厦大任教，入住学校不久就到学校附近的一个小店买东西。他在致许广平的信中这样写道：

> 此地的点心很好，鲜龙眼也吃过了，并不见佳，还是香蕉好。但我不能自己去买东西，因为离市有十里，校旁只有一个小店，东西非常之少，店中人能说几句"普通话"，但我懂不到一半……这里的人称我们为北人，我被称为北

人，这回是第一次。(《鲁迅全集》第11卷，第120页)

鲁迅先生开头听不懂"厦门普通话"，可时间久些，与店主接触多了，竟然学懂了几句做买卖时花钱的闽南话：

此地有一小店，我去买时倘是五个，那里的一位胖老婆子就要"吉格浑"（一角钱），倘是十个，便要"能（二）格浑"了，究竟是确要这许多呢，还是欺我是外江佬之故，我至今不得而知。(《鲁迅全集》第11卷，第135~136页)

关于上引的鲁迅先生在厦大时买东西接触到的地处校园的这家小店和店主的情况，生前曾任厦大中文系教授、我的恩师陈梦韶先生著的《鲁迅在厦门》（作家出版社1954年9月北京版）曾做了详细的说明：

在映雪楼的东边，有一家小店，鲁迅先生时常到那里去。这间小店，在东膳厅的南端，是把东膳厅的南边厅面用木板隔出来的。这家商店的主任，是一个胖老婆子，名叫三姑。因起初厦门大学建筑校舍，占用了她的一块屋地，所以学校特地拨出这间房子给她，并准许她在校旁经营小生意。鲁迅先生在厦大时，常到这家商店买水果，吃豆浆，有一个时期，还由这家商店代包伙食……当时这小店里的主妇三姑，替鲁迅先生包伙食，是饭菜在三姑店里烧好煮好，由鲁迅先生的工友春来（福建海澄浮宫人），送到鲁迅先生房间去的。抗日胜利后，厦门大学自内地长汀复员返厦，这家小店移设在东膳厅后面厨房的南端，主人仍旧是胖老婆子——三姑。(《鲁迅在厦门》第15~16页)

上述引证的是三姑与厦门大学教职员的关系及经营小店的情况。除此之外，当时的大学生课余也经常到这家小店来买东西，这小店成了他们"闲谈小吃的处所"。一位1927级的学生在日记《母校生活鳞爪》中这样描述这家小店和店主：

> 映雪楼的尽头是膳厅，膳厅的东首是一间小商店，里面贩卖香蕉、水果、面包、牛奶、豆浆、糖果、咖啡等类，是同学们闲谈小吃的处所。掌柜是一位中年的女人，帮她照顾买卖的伙计都唤她"三姑"，因此同学们也这样跟着叫唤。她有四十多岁，圆圆的脸落在肥胖的双肩上，有些像"球"的样子，怪好笑。她熟悉生意经，懂得怎样招待主顾，虽是小小一间店，却也门庭若市。（陈福郎主编：《凤凰树下——我的厦大学生时代》，厦门大学出版社2006年版，第4～5页）

从上述文字介绍中，对三姑的外表和为人、小店的经营、师生对小店服务的评价，已经有所知晓，见证了建校初期的师生生活和谐的环境和校园秩序。但对三姑的真实姓名、居址身世，却缺乏翔实的介绍。即使最早介绍鲁迅先生在厦大任教期间与三姑的来往的陈梦韶老师，他虽然做过社会调查，但涉及三姑的事，也只能简单地讲到三姑的别名和经营的小店，而无法指出她与厦门大学关联的重要细节。三姑是谁，为什么厦门大学会与她订合约，成了私立时期厦大校史的一段珍闻，同时也成了一个未能求证的谜。

这个谜，直至1980年代，学校开始启动校史编写工作，组织力量收集整理校史资料，方才有机会解开厦大与一个普通村民何以签订合约这个谜。

从1983年开始，根据学校的安排，我开始参与厦大校史资料的编写工作。那时候，为调查私立时期厦大校舍建设的情况，我从总务处基建科查到一本题为"国立厦门大学房产契约登记簿"（1937年5月整理的手抄本，上下两册），据云这本登记簿是厦大改归国立之前，为移交学校固定资产而造的。

当我看到这本共编为1–85号的80多份房产契据，起止年份为1921年（民国十年）到1937年（民国二十六年）的珍贵房产契约文书时，如获至宝，立即从中摘录几份原文，编入《厦门大学校史资料（1921—1937）》第一辑中，并列出"厦门大学购置房地产契约文书"专题。这其中有一份编号为19号，于1922年（民国十一年）购置用作建造"囊萤楼"地基、地价一百大圆的水田，卖主名为李贺喜，我将它全文编入校史资料第一辑。真是无巧不成书，谁也没想到，这位卖主李贺喜，竟然是在校园内做小生意开小店的店主——三姑。怎么证实，让我慢慢将真相展开。

大约在1985年秋季，有一天，时任校长办公室副主任的陈营同志，带了一对中年夫妇到宣传部办公室（按：当时党委宣传部和校长办公室均在群贤楼二楼办公）找我，并介绍说是杨某某，住在东边社一号。家里只租一间房子且很窄小，要求向厦大租住校内的教工房子。我疑惑不解：怎么校外人员可向学校租房子？问陈营怎么会找我，他说："你在搞校史资料工作，知道学校的历史情况；而杨某某手头有一份保存半个多世纪的前辈同厦大的合约，可作为租房子的参考依据。"紧接着，杨某某就把那份资料展示出来让我看。我一看，那是一张大八开纸，纸质陈旧发黄，周边也有些破损，但手写的文字完好无损，且纸的左上角还贴着十几张彩色的印花税票，说明这份材料是经过思明县政府批准且缴纳了印花税的合法证书。我展开一看，契约全文如下：

同立约字人 厦门大学 杨李贺喜 因陈嘉庚先生创办大学校址适在杨李贺喜宅前园地及演武场地方，此地前为外国旅厦侨民赛马打球之游艺场。所有管理及专卖杂物种种利益，均归杨李贺喜利权。自厦门大学创办以来完全损失。经杨李贺喜请予交涉援助，而厦门大学认为所请正当。特立约字双方遵守，并列条件如右：

立合约宗人厦门大学杨李贺喜同陈嘉庚先生创办之大学校址适在杨李贺喜先前国地及演武场地方此地前为外国旅寓马打球之游戏场所有管理及东壹雉种种利益均归杨李贺喜利权有厦门大学创办以来完全损失经杨李贺喜请予交涉缓助而厦门大学认为所请正当特立约字继改方适守益到条作如左

厦门大学须拨出相当房屋一间租与杨李贺喜票利厦门大学不得准许他人设营业之所

该营业商店利益永远归杨李贺喜专卖杂物为营业之所

商店对于厦门大学所指定之房屋如学校需用该房屋时则向学校另给与相当楼宇民自应迁时概出交还美有外人到学校贩卖以外厦门大学自应出头禁止益饬人驱逐以免损失杨李贺喜利权杨李贺喜逐月愿激厦门大学房屋租金大洋伍元电灯有水均由厦门大学给予应用在内

杨李贺喜营业之商店所贩卖绵品须合于卫生益不得卖

该合约自双方签字後定行有効

厦门大学须拨出相当房屋一间，租与杨李贺喜专卖杂物为营业场所。该营业商店利益永远归杨李贺喜专利，厦门大学不得准许他人另设营业商店。

对于厦门大学所指定之房屋，如学校需用该房屋时，则由学校另给予相当房屋，杨李贺喜自应随时搬出交还。

若有外人到学校贩卖杂物，厦门大学自应出头禁止，并饬人驱逐，以免损失杨李贺喜利权。

杨李贺喜逐月应缴厦门大学房屋租金大洋五元，电灯自来水均由厦门大学给予应用在内。

杨李贺喜营业之商店所贩卖物品须合乎卫生，并不得卖及储藏违禁品。

该合约自双方签字后实行有效，如不交换房屋，以上所列条件作为无效。

同立约字二纸，各执一纸为据

中华民国拾玖年四月 日 立约字人 厦门大学 杨李贺喜

杨某某出示合约后还介绍说，他的祖父姓杨，祖母李贺喜，乡亲们叫她三姑；一家人世居演武场旁的小村东边社，祖祖辈辈在这里种田过日子。陈嘉庚先生来这里办大学，乡亲们都拥护支持，不少农户都把私有的水田、山园、厕池卖给学校盖校舍。我家卖了一坵水田和一块山园，当时都立有地契，可惜家里都没有保存好，唯独这份贴有印花税票的合约，祖母将它放于衣箱底部，得以完好保存。

面对这份存放年代久远，至今国家制度和大学制度都已经发生巨变的民间合约，如今是否仍然有效？校方的态度怎样？谁也看不准说不清。陈营同志家属与杨家有亲戚关系，他本着尊重历史、关心群众的原则，加之他对厦大私立时期学校与东边社农民的关系有所了解，于是他和我，加上杨某某一起，带着这份合约原件，上访主管学校总务后勤和资产的副校长翁心桥教授。最终经学校研究决定，拨出一间校房，租与杨某某。至于如何办好这件事我就不知道了。

一所大学同一个普通农妇因利益关系签订专利合约，这在中国高等教育史上极其罕见，甚或是绝无仅有；所订合约的内容，双方对等的权利义务如此清晰，文字表达准确通俗，其中，有的句子还夹杂着闽南方言土语，所有条件都条理清楚、实事求是。这，确实是一件值得赞扬的新鲜事。当时，我即向杨某某借出原件拍了照并复印一份，以备使用。该合约本应编入厦大校史资料第一辑的相关专题中，但当时该辑资料已经学校校史编委会审定，准备出版，终于无法补入，真有史海遗珠之憾。

这份合约复印件，本人至今也已保存三十五年了，早些年代我也曾和原件的保存者——三姑李贺喜的孙子杨某某商量过，希望他将原件捐给厦大，但他从未表态。

从我内心来说，我总认为不该让这份合约文书沉睡不起，而应公诸众人。让人们知道它与百年厦大的因缘际会，它在学校刚创建时，对校园和谐、校园环境、文明风尚所起的作用。

今天，厦大百年校庆已经进入倒计时，即将以崭新的面貌、出彩的业绩、耀眼的南方之强高等学府向我们走来。

将这份合约公布宣传，我认为，可以让学校师生员工回眸历史，更加深切体会陈嘉庚爱国兴学精神，了解厦门大学从开创之日起就是一所有远见、有气度、有温度、不同凡响的大学。对于传承厦大文化、厦大精神，有一定启迪与弘扬的积极意义。至于对合约内容的分析评价，留待研究历史研究法规研究契约等方面的专家学者去做，笔者满怀信心，热切期待学校乘百年校庆之东风，在"奋进新时代 文明新风尚"创建"双一流"大学的实践中，铸就新的辉煌。

二〇二〇年五月初稿

厦大校友总会组织的成立及其历史沿革

私立时期的厦门大学,就有校友会组织,其名称为"厦门大学毕业同学会",成立于1931年6月。其章程规定,同学会的宗旨是"联络感情,研究学术,辅助学校发展",会员资格认定为"凡本校毕业生均为本会会员"。

厦门大学校友总会的前身则是成立于1938年4月18日的"旅汀厦门大学毕业同学会"。1940年年初,根据萨本栋校长提出的"把生自同根的人才的力量集中起来,和同学以外的优秀分子取得联络,为社会国家致其最大努力"和成立毕业同学会总会的意见,同时,鉴于几年来在本省和全国各地,如本省的永安、安溪、龙溪、福州,广东的潮州、汕头,乃至于香港、日本等,都成立厦门大学毕业同学会。由毕业校友陈大燮、陈国珍、叶国庆、彭传珍、顾瑞岩、蔡启瑞和章振乾等六十人于1939年1月2日在《厦大通讯》一卷二期刊登公告,首次发起筹备成立"国立厦门大学毕业同学会总会",随后,黄大烜、贺秩、龚达清和傅家麟等四十八人又于1939年3月1日第二次发起筹备成立总会的公告。

在发起成立同学会总会的同时,旅汀厦门大学毕业同学会干事会还向毕业校友发出调查表,征求校友对成立总会的看法。绝大多数校友表示赞成,同时也就总会的名称提出建议,认为"毕业同学会"组织名称存在地域偏见,且有"党同伐异"之嫌,不利于最大

---

* 原载《厦门大学校友通讯》2005年第1期和2006年第1期,入编本书时有改动。

1980年恢复组织后的厦门大学校友总会理事会全体合影,左起第七人为理事长蔡启瑞

限度地团结包括在校肄业或任教的师生，认为称作"校友总会"较为合适。因此，在 1940 年 4 月 6 日召开总会成立大会时，正式更名为"厦门大学校友总会"。原来《厦大通讯》会刊"编辑者"落款是"旅汀厦门大学毕业同学会出版委员会"，从第二卷第九、十期合刊（1940 年 11 月 9 日出版）起，"编辑者"改为"厦门大学校友总会出版部"。

以上是关于"厦门大学校友总会"名称来历的简要介绍。下面是国立时期厦门大学校友总会成立经过及尔后历届校友总会的组织情况和历史沿革概述。

1938 年 3 月 28 日，旅汀厦门大学毕业同学会举行筹备会，决定成立同学会组织，推举彭传珍、叶国庆、黄启显、顾瑞岩、黄克立等五人为筹备委员，时在长汀的毕业校友共二十七人。

1938 年 4 月 18 日，召开旅汀厦门大学毕业同学会成立大会。选出顾瑞岩、叶国庆、彭传珍、黄启显、黄克立为干事，组成干事会。顾瑞岩兼任常务干事（作者按：常务干事相当于后来的理事长）。

1938 年 9 月 25 日，按同学会章程举行改选干事会。彭传珍、黄大烜、金德祥、陈大燮、顾瑞岩、叶国庆、陈获帆等七人当选干事；黄克立、陈国珍、吴有容为候补干事；彭传珍兼任常务干事。会上决定出版会刊，增设了出版股，叶国庆、陈获帆任出版股负责人。

在此次会员大会上，还决定：一，在长汀筹办初级中学，由下一届干事会筹办，下一年度春季开始招生；二，提议组织毕业同学会总会，向各地毕业同学征求意见；三，建议各地毕业同学从速组织分会。

1939 年 1 月 1 日，由旅汀厦门大学毕业同学会编辑出版的《厦大通讯》月刊创刊号正式出版。萨本栋校长在创刊号上发表了《献给厦大毕业同学会》一文，对毕业同学会给予支持和勉励。

1939 年 3 月 5 日，举行春季全体会员大会，选举产生新一届干事会。彭传珍、叶国庆、顾瑞岩等九人为干事，齐贞藩、蔡启瑞等五人为候补干事。顾瑞岩为常务干事。

1940年4月6日，厦门大学校友总会召开全体会员大会，出席的旅汀毕业校友二十八人，由彭传珍主持会议并作校友总会筹备成立经过的报告。同时公布理事会理事选举结果：彭传珍、陈获帆、叶国庆、顾瑞岩、蔡启瑞等十七人为理事，林惠祥、沈祖馨、潘懋鼎等七人为候补理事。本届会议还通过三项决议：一，分别致电教育部和陈嘉庚先生，对报上传出将厦门大学改名福建大学表示反对，同时公告各地校友采取一致行动坚决反对改校名；二，修改原有章程；三，敦聘陈嘉庚先生、林文庆先生、萨本栋先生为校友总会名誉理事。

1940年7月5日，厦大校友总会召开第一次理事会议，选举彭传珍、叶书德、叶国庆等七人为常务理事。会上同意将原由旅汀厦大毕业同学会创办的《厦大通讯》改归厦大校友总会出版部编辑出版。并从《厦大通讯》第二卷第九、十两期合刊起，将主办单位由"旅汀厦门大学毕业同学会出版委员会"改为"厦门大学校友总会出版部"。1940年7月13日，举行常务理事会第一次会议，推选彭传珍为正理事长，叶国庆为副理事长。

1941年3月8日，校友总会召开第四次理事会议，通过筹备母校二十周年校庆活动计划：决定出版《厦大通讯·二十周年校庆特刊》；筹集捐款设立校友奖学金基金和开设"厦友书局"。此为历史上校友总会设立基金和创办实业之开端。

1941年6月22日，校友总会举行第六次会议，选出第二届理事会理事：童国珺、陈村牧、叶国庆、郭公佑、顾瑞岩、曾天民和彭传珍等七人为理事，叶松坡、杜复钦等七人为候补理事。童国珺当选为第二届常务理事兼理事长。

1942年6月10日，校友总会在《厦大通讯》第四卷第八至十期合刊上发出《公告》称："第三届理事改选事宜，业已办理完竣，选举结果：彭传珍、叶国庆、齐贞藩、蔡启瑞等十七人为第三届理事。"彭传珍为理事长。

1943年6月11日，校友总会举行理事会，选出第四届常务理事。陈国珍、顾瑞岩、张松踪、蔡启瑞、陈诗启、方虞田、王咏祥等七人为常务理事。6月17日，举行常务理事会议，推选顾瑞岩为正理事长，蔡启瑞为副理事长。

1944年5月4日，校友总会率先在母校举行隆重欢送会，欢送萨本栋校长赴美讲学。其后全校师生和长汀各界人士也分别召开大会欢送萨本栋校长。

1944年5月6日，校友总会以"通讯"形式举行会员大会（作者按：会员将选票直接寄到总会，然后通过会议开票公布选举结果），选举产生第五届理事，王咏样、徐世五、陈大燮、陈诗启、蔡启瑞等十七人为理事。叶国庆、曾国熙等七人为候补理事。

1945年9月19日，汪德耀教授被任命为厦门大学校长，10月20日正式视事。11月17日在全校师生的欢迎大会上，汪校长宣布当年进行迁校复员，并在厦门设立"厦门大学复员办事处"。校友会配合校方，参与学校搬迁的事务。

1946—1947年年初，校友总会诸理事因忙于参与策划学校回迁厦门原址等事务，校友会活动暂时停止。《厦大通讯》也从1945年9月20日出版的第七卷第一期之后停刊。

由于现存资料不全，有关校友总会第六届理事会组成人员及工作情况，竟告阙如。

1947年4月6日，在厦门校区举行首次厦大校友会会员大会，选举产生第七届校友会理监事会。理事为虞愚、颜戊己、陈大燮、叶国庆、齐贞藩、顾瑞岩、徐世五、陈本铭、蔡启瑞、卢嘉锡、张松踪、贺秩、张述、陈国珍、黄启显、防诗启、苏宗文等十七人，候补理事为曾国熙、吴厚沂、陈仁栋、林素端、黄典诚、潘懋元、林莺等七人。监事为彭传珍、陈村牧、黄克立等七人，候补干事郑善政等三人。会议推选卢嘉锡为正理事长，贺秩为副理事长，彭传珍为监事长，陈村牧为副监事长。

此次会议是学校复员后首次会员大会。会上还决议筹备创办"厦友补习学校"。

1948年1月1日，《厦大通讯》复刊，出版了第八卷第一期，期刊仍为三十二开本。编辑者为厦门大学校友总会。

1948年2月26日，校友总会创办之"厦友补习学校"正式开学。该校开设国文、英文、数、理、化、生物等十一科，学生依志愿选科修习，每学期每人交学费国币十二万元。校舍由母校拨借同文路教工宿舍底层两间房子。校长卢嘉锡，教务陈国珍，总务张松踪。教师均由校友会理事或会员担任。学校收入，除日常经费外，结余部分按教师四成、职员一成、校友会两成和三成充作学校基金进行分配。

1948年4月6日，召开全体会员大会，进行理监事会换届选举和通过有关决议。选出卢嘉锡、贺秩、吴厚沂、林惠祥、方虞田、张述、黄启显、何建朝、金德祥、苏宗文、庄为玑、陈本铭、曾国熙、潘懋元、陈耀荣、周楠生、刘景昭等十七人为理事，理事长卢嘉锡，副理事长贺秩。文书部部长吴厚沂、研究部部长林惠祥、总务部部长方虞田、职业部部长张述。黄天爵、陈村牧、黄谦若、叶国庆、黄克立、林中圣、叶书德等七人为监事，监事长黄天爵，副监事长陈村牧。另有，吴厚沂、陈仁栋、黄典诚等七人为候补理事；虞愚等三人为候补监事。会议还通过修改校友会章程的决议。

1948年5月14日，召开第八届理监事全体会议，卢嘉锡理事长在会上报告校友会经费收支情况、筹建"嘉庚堂"募捐情况和开办"厦友补习学校"的经过。

1949年1月1日，《厦大通讯》第九卷第一期出版。该期继续公布了校友总会筹建嘉庚堂建设费收支概况。同时报道了南京、香港、湖南、广州和本省长汀、集美等地校友会分会的活动情况及旅居菲律宾宿务校友动态，但未报道校友总会消息。

1949年4月6日，校友总会举行第九届理监事会议。会上通过创办厦大校友中学议案，推选卢嘉锡、齐贞藩、黄其华、潘懋元、戴世龙、林梦雄和苏宗文为筹备委员。继之，又在第三次理监事会议上增选陈荻帆、庄为玑、张松踪、方虞田和林鹤龄为筹备委员，正式筹办校友中学。此外，从4月至5月，校友总会还发起组织劳师基金的募捐活动，得到各界支持，募得款项折合美元六千零六十三元，尚有白米一百二十三千斤。

1949年5月，中共中央主席毛泽东电邀校主陈嘉庚先生赴京共商国是，参加当年1月15日在北京召开的新政治协商会议筹备会。陈嘉庚先生欣然应邀，并在会上发言赞扬中国共产党虚怀若谷，邀请各界人士共商建国大计，其后，光荣出席10月1日的开国大典，担任第一届中央人民政府委员。10月，陈嘉庚离京，赴济南、徐州、武汉、南昌、福州等地参观，12月7日回到厦门集美，视察集美学校，出席师生及乡亲欢迎会。

校友总会获悉上述喜讯后，即发起成立欢迎陈校主筹备委员会。筹备委员除全体留厦的总会理监事外，还增选虞愚、林鹤龄、葛家澍三人为筹委，共襄其事。

接着，筹委会连续召开两次会议，通过四项决议：一，拍发欢迎（陈校主莅校）电报及快邮代电，交北京、上海、福州、南昌、广州等地校友分会留转；二，推举庄为玑负责将《厦大通讯》第九卷第四期改为"欢迎陈嘉庚先生专号"；三，指派卢嘉锡、戴世龙两位理事于校主抵集美时前往候驾；四，商借厦门市青年会（会址在市区"小走马路"）举行欢迎聚餐会。

1949年12月25日，《厦大通讯》之"欢迎陈嘉庚先生专号"出版。该"专号"除发表汪德耀校长的《欢迎创办人陈嘉庚先生》的欢迎辞外，还有由校友总会组织在厦门的各届校友集体写作的《各届校友的欢迎辞》，从1926级首届毕业生的林惠祥开始至1944年入学、1949年毕业的李俊贤止，计有叶国庆、庄为玑、卢嘉锡、林鹤龄、洪文金、陈诗启、葛家澍、韩国磐、潘懋元、周绍民、陈奕培、洪敦枢、丘书院、吴伯僖、黄典诚等三十九名毕业校友，发表了欢迎陈嘉庚校主回母校视察的欢迎诗文。

1949年10月1日，中华人民共和国成立。10月17日，厦门解放。10月23日，厦门市军管会派军事代表吴强、萧枫接管了厦门大学。从此，厦门大学进入为社会主义新中国培养建设人才新的历史时期。

1949年12月15日，根据厦门市军管会的有关规定，为保障人民合法之民主权利和建立稳定的社会秩序，校友总会于此日之前向军管会政务部呈报登记。其后，校友总会接到通知，依法办理好社团登记手续。

校友总会除了组织欢迎校主陈嘉庚先生回母校视察的活动之外，原有创办的厦友中学也由政府接管后并入厦门二中。校友和广大师生满怀信心投入人民新厦大的建设，期盼重振南强雄风。

从上世纪五十年代开始，到"文化大革命"十年浩劫止，厦门大学校友总会的组织，因形势变化而停止活动。

1978年12月，中国共产党十一届三中全会的胜利召开，实现了指导思想上的拨乱反正，全党工作重点转移到社会主义现代化建设的轨道上来。教育路线迎来改革开放与发展事业的春天。高等学校的工作重点，也从十年浩劫的"重灾区"的混乱局面上，转移到以教学和科研为中心的正确轨道上来。这一重心的转移，也给校友会这样的社团组织恢复活动提供了良好的机遇。

1980年春，厦门大学党委和行政作出决定，在1981年4月6日厦大建校六十周年时，举行隆重的庆祝活动。为此，学校成立了六十周年校庆筹备委员会，由时任党委书记兼校长的曾鸣出任校庆筹委会主任委员，副校长司守行、蔡启瑞、傅家麟和老教授郑重任副主任委员，开始了六十周年校庆的各项筹备工作。

筹备工作的重要内容之一，就是届时要邀请国内外一批知名的专家学者和老校友莅临学校参加庆祝活动，以壮大声势，扩大影响，充分显示厦门大学固有的面向海洋面向东南亚华侨的办学优势和校友热爱、关心母校的优良传统。

在这样的良好氛围下,学校决定恢复厦门大学校友总会这一社团组织,积极开展联络校友等工作。

1980年4月6日,校友总会在庆祝厦门大学建校五十九周年之际,举行了第一次理事会,出席会议的理事有蔡启瑞、陈村牧、潘懋元、汪德耀、金德祥、庄为玑、张松踪等二十二人。校领导曾鸣、赵源、未力工等也应邀参加会议。会议由蔡启瑞理事长主持,副理事长潘懋元报告恢复校友总会活动的筹备情况,副理事长陈村牧就总会如何开展工作作了发言。张松踪理事倡议学校筹建陈嘉庚纪念堂,并指出这是三十多年前当时担任校友总会理事长的卢嘉锡学长曾经倡议筹建嘉庚纪念堂的宏愿。汪德耀理事提议学校恢复设置"嘉庚奖学金",以奖励品学兼优的学生。到会理事还建议校友总会设"名誉理事",聘请海内外知名人士担任。此外,还讨论恢复出版总会会刊等问题。

1980年10月,厦门大学校友总会编印的《厦大校友通讯》复刊第一期出版发行。刊物仍旧以创办于1939年长汀时期的《厦大通讯》为蓝本,样式还是铅印三十二开本小型杂志。刊名用老宋体铅字排印,内文共12页。封二为校长曾鸣的题词"密切联系,加强团结,促进母校的发展——厦大校友通讯复刊",封底为著名学者、书法家、原母校中文系教授、知名校友虞愚先生的题词"旧学新知商邃密,天涯海角总相亲——厦大通讯复刊"。

在《厦大校友通讯》复刊第1期上,正式对外公布了校友总会理事会理事、正副理事长、秘书长和理事会办事机构负责人名单。理事长蔡启瑞,副理事长陈村牧、潘懋元,理事由汪德耀、叶国庆、金德祥、田昭武、陈孔立等二十八人组成,秘书长李强(兼)。

理事会各部负责人名单是:联络部吴伯僖、陈恩成,学术部张松踪、庄为玑,出版部陈孔立、姚慈心,总务部陈仁栋、黄吉平。

1981年3月，陈嘉庚先生侄子、新加坡中华总商会会长、老校友陈共存先生，在集美学校校友会理事长、厦大校友总会副理事长陈村牧先生等陪同下，莅临学校参观访问，首开海外校友回母校访问之先例。访问期间，陈共存校友对母校改革开放以来的巨变表示由衷的高兴和自豪。他还受新加坡著名华侨黄奕欢和著名学者、诗人潘受两位先生之托，将他俩为祝贺厦大建校六十周年的题词和题诗两件墨宝转交母校。

1981年3月，为推动海峡两岸厦大校友联络感情工作，邀请在台湾的校友返校参加六十周年校庆，校长曾鸣和校友总会理事长蔡启瑞分别向新闻媒体发表谈话。蔡启瑞说，我们有许多在台湾的校友，在学术上很有成就，我们已经多年没有见面了，我希望他们能够来母校参加校庆的科学讨论会，进行学术上的交流，促进母校的教学和科研工作。

1981年4月6日，厦门大学隆重举行了建校六十周年庆祝大会。除中央和地方政府有关部门的一些重要领导人出席庆祝大会外，还有一批新老校友中的著名学者、科学家、社会活动家、教育家和其他社会名流，应邀出席庆祝大会。当时莅校出席大会和在科学讨论会作学术讲演的知名校友和学者有：中共中央党校高级顾问、马克思主义理论家吴亮平（吴黎平），中国科学院学部委员（即后来的中科院院士）陈景润、谢希德、卢嘉锡、匡达人，天文学家、老校友李鉴澄，著名作家丁玲，香港著名企业家、厦大校友总会创会理事之一的黄克立先生，著名因明学家、书法家虞愚等以及在国内外科技界教育界文化界崭露头角的中青年校友代表。校友总会的活动和校友的来访以及返校聚会活动，从此打开新的局面，为尔后各届校友会开展工作，打下良好的基础。

值得一提的是，在校庆纪念日之后的4月9日，旅居美国的故校长萨本栋博士遗孀、校友黄淑慎女士，年逾古稀仍不忘母校，特地由台湾转香港，再由香港转上海，由上海搭机回到厦门访问母校，受到副校长、校友总会理事长蔡启瑞教授,副校长、校友总会副理事长潘懋元教授及总会部分理事的热烈欢迎。在校期间,黄淑慎女士在总会负责人陪同下祭扫了萨本栋校长墓。

1985年3月,校友总会召开理事会议,按章程改选理事会领导成员并研究了新时期校友工作的重点。与会理事通过民主选举,产生了校友总会理事会新的负责人。理事长周绍民,副理事长陈仁栋、吴伯僖、姚慈心、陈孔立;秘书长陈孔立(兼);名誉理事长卢嘉锡、陈村牧;顾问蔡启瑞、汪德耀、潘懋元。

会议就今后的校友工作提出了意见。要求把校友工作搞得更活跃,以利于团结和发动校友为实现母校的发展目标贡献力量。要求学校配备专职工作人员,为校友活动创造条件;支持校友总会办好《厦大校友通讯》,编印《校友通讯录》等。

1987年4月,校友总会举行全体理事会议。会议由周绍民理事长主持。与会理事回顾了两年来的校友工作,并就理事会调整领导成员进行磋商,最后表决通过以下新的领导成员:一,增补吴紫容常务理事为副理事长;二,同意陈孔立副理事长的请求,免去其兼任的秘书长一职;三,补选王豪杰(时任校长办公室主任)为秘书长。会议还正式对外公布了现任理事和常务理事的名单。

理事为:叶国庆、金德祥、周绍民、葛家澍、吴伯僖、陈孔立、黄典诚、陈传鸿、王豪杰等三十六人;常务理事为:周绍民、陈仁栋、吴伯僖、姚慈心、陈孔立、吴紫容、王豪杰、陈毅中、丘书院、李海谛、钟兴国等十一人。

名誉理事长和顾问名单仍为1985年3月公布的名单,未有改动。

1987年4月5日清明节,厦门大学和厦门大学校友总会在学校专家楼会议厅,为厦大长汀时期担任教务长的谢玉铭教授举行悼念仪式。

校长田昭武教授、校党委书记吴宣恭教授、副校长王洛林副教授、校友总会理事长周绍民教授、副理事长吴伯僖教授,校友总会顾问汪德耀教授、蔡启瑞教授和潘懋元教授，以及有关部门领导和抗战时期在校任教的老教师、学生代表八十多人参加悼念仪式。专程来校参加悼念仪式的有谢玉铭教授的女儿、时任复旦大学校长、校友谢希德教授，谢玉铭教授的儿子、北京航空学院谢希文教授，旅菲厦大校友会副会长邵建寅先生等。

谢玉铭教授曾在厦门大学长汀时期担任过理学院院长、教务长，七十岁时在菲律宾东方大学退休后定居台北。1986年3月20日在台北市逝世，享年九十二岁。

1989年1月24日，校友总会召开全体理事会议。会议的主要议题是：

一，理事长周绍民教授报告两年来的校友会工作情况；二，选举产生新一届校友总会理事会。校友总会顾问汪德耀、蔡启瑞，校领导王洛林、林祖赓、郑志成和郑冬斯出席会议。会议由陈孔立副理事长主持。

会后经新一届理事会民主选举，产生了常务理事、理事长和秘书长等。理事由陈仁栋、周绍民、吴伯僖、王豪杰等三十六人组成。常务理事：周绍民、吴伯僖、陈孔立、王豪杰、毛通文等十六人。

理事长：周绍民

副理事长：陈仁栋、吴伯僖、陈孔立、姚慈心、吴紫容、周林祥、王豪杰

秘书长：王豪杰（兼）

名誉理事长：卢嘉锡、陈村牧

顾问：汪德耀、蔡启瑞、潘懋元

1989年10月，因王豪杰升任厦门大学党委常委、副书记，请求辞去秘书长兼职，校友总会推选时任校长办公室主任的陈思源任校友总会常务理事兼秘书长。其他理事、常务理事及总会主要领导人未变动。

1989年11月7日，在与母校暌违五十年之后，台湾校友会会长沈祖馨学长首次重返母校参观访问。沈学长在校期间受到副校长林祖赓教授、原校长田昭武教授及校友总会理事长周绍民教授以及当年担任过沈学长的老师、现任校友总会顾问的蔡启瑞教授等的热烈欢迎。沈学长重返母校，成为台湾校友回祖国大陆访问的"破冰之旅"。

1990年11月，校友总会理事长周绍民借赴新加坡参加国际学术会议之机，应新加坡厦大校友会理事长徐清水的邀请，访问新加坡校友会，同校友们聚会并交流。回国途中，又应菲律宾校友会理事长庄汉水的邀请赴马尼拉访问，同校友进行聚会，共叙同窗情谊。

在周理事长到达菲律宾马尼拉之时，马尼拉中文报纸以"厦大校友总会理事长周绍民教授来菲访问"为题报道了这一消息，菲律宾校友会通知三十多位校友参加聚会餐叙。在菲期间，周理事长还在菲律宾厦大校友会会长庄汉水、副会长邵建寅和庄汉卿陪同下访问了菲律宾亚典耀大学、邵建寅学长任校长的中正学院和庄材保学长任过校长的华侨中学等。

这次访问，对于加强校友总会与海外校友的联系，增进海外校友与母校的情谊，起了推动作用。

1991年4月6日，学校隆重举行建校七十周年庆祝大会。本次

厦大校友总会组织的成立及其历史沿革

菲律宾厦大校友会校庆联欢会合影，一九八六年四月

校庆大会既有来自美、加和新、马、泰、菲等国家的厦大校友,也有来自我国台、港、澳地区的校友。在大会上发言的有祖国大陆的校友代表、时任中科院院长的卢嘉锡教授,海外校友代表、美洲厦大校友会会长吴厚沂学长和台湾地区校友代表林诸霖学长。林学长为第一位在母校校庆大会上发言的台湾校友。

校庆期间,学校党政领导和各院系也分别邀请返校参加校庆的海内外校友举行座谈会,广泛听取校友对学校的改革发展和推动校友总会工作的宝贵意见和建议。

1992年3月28日,校友总会举行新一届全体理事会议。会议由副理事长王豪杰主持,上届理事长周绍民教授做工作报告。校长林祖赓教授出席会议并讲话。他表示学校今后要从各个方面大力支持校友总会的工作。

经过各单位的推荐,新一届校友会理事会由邓子基、王伟廉、毛通文等四十九人组成,常务理事由陈孔立、陈德辉、黄良快、洪敦枢、周林祥、张翼、陈长源、钟兴国、林火生、李海谛、张春吉、林去病、陈光、郑树东、谢银辉、毛通文等十六人组成。理事长陈孔立,副理事长陈德辉、周林祥、洪敦枢、黄良快;秘书长张翼(兼)。名誉理事长卢嘉锡、陈村牧,顾问汪德耀、蔡启瑞、潘懋元、周绍民。

1999年8月20日,学校在深圳召开首次"厦门大学全球校友代表暨各界人士恳谈会"。来自美国、新加坡、马来西亚、泰国等国家和我国台、港地区以及内地各省市的校友代表、各界人士一百多人参加会议,校长陈传鸿作了"迈向二十一世纪的厦门大学"的主题报告。会议旨在发动海内外校友和各界朋友,共同促进厦大的改革与发展,使厦大以崭新的形象屹立于世界高校之林。

1999年10月9日,校友总会和学校八十周年校庆筹委会办公室联合在本校召开各地校友会负责人联席会议,征求海内外校友对筹办八十周年校庆的意见和建议。校党委书记王豪杰,校党委常委、副校长朱崇实,校友总会理事长林祖赓,副理事长翁心桥、邓力平、詹心丽，校长助理、校庆办主任黄如彬，校庆办副主任王巧萍、林志成和校办副主任陈光及各地校友会代表参加会议。

2001年4月5日，校友总会在克立楼会议厅举行海内外校友祝贺母校八十周年校友恳谈会。会议由校党委副书记、原校友总会秘书长张翼主持。副校长、校友总会副理事长潘世墨出席会议并代表学校在会上讲话。他向校友们介绍了母校八十年来的发展变化历程和学校在教学科研方面所取得的辉煌成就，以及母校的发展远景规划。

校友总会理事长林祖赓在讲话中，向来校参加校庆的海内外校友表示热烈的欢迎。他深情地说，各位代表不远万里回到母校，充分反映了校友对母校的深厚感情。母校能有今天这样的成就和地位，得益于陈嘉庚先生爱国爱乡精神感召了一代又一代的厦大人，得益于广大校友对母校的热爱和鼎力支持。在恳谈会上，许多校友心情万分激动，争先发言。

2002年10月，学校根据校友总会原秘书长张翼调离厦大的情况，就校友总会理事会人员进行调整。新一届校友总会的主要成员为：理事长林祖赓，副理事长邓力平、廖益新、詹心丽、翁心桥、黄良快，秘书长王巧萍，秘书张军、芮琴。

2005年2月，因副理事长兼法人代表的邓力平调离学校担任厦门国家会计学院院长，校友总会的法人代表调整，推选现任校党委副书记、副校长潘世墨教授担任校友总会副理事长和总会法人代表，同时推选郑冰冰副研究员担任校友总会副秘书长，主持校友总会日常工作。

2005年9月，经学校批准，校友总会主办的每年一集的《厦大校友通讯》改刊为大十六开本彩印的内部刊物，暂定为半年刊，条件成熟时办成季刊。安排专兼职编辑人员，着手编辑试刊号第一期。

2005年12月，《厦大校友通讯》第一期（总第二十三期）正式出版发行。校党委书记王豪杰研究员、校长朱崇实教授为改刊第1期《厦大校友通讯》亲笔题词，表示祝贺。

2007年12月，校友总会换届，推选王豪杰为理事长，潘世墨、黄良快、廖益新、詹心丽为副理事长。考虑到学校党政领导分工的变化，常务副校长潘世墨不再担任校友总会法定代表人，由校党委副书记陈力文接任校友总会法定代表人，分管校友工作。

后 记

在厦门大学百年华诞到来之际，我怀着对学校创办人陈嘉庚先生的无限敬仰之情，怀着母校培养教育的感恩之情，将自己从1983年至2020年三十七年间，在报刊上发表的文章与合著的摘录章节以及未发表的个别篇章，汇编成集付之出版。说老实话，这绝不是赶热闹的应景之为，也非为个人争名获得私利，而是表达本人知恩图报、服务社会、助力文化的一点心意。

已届耄耋之年的我，想编一本书着实不容易：一则缺乏精力，二则没有时间。我和妻子均染重病，三天两头同医院打交道，两人相依为命过日子。但因为不忘初衷，凭着自己的毅力、坚韧和耐烦，终于在两个多月的时间里，利用治病与家务的间隙，断断续续时打时停，认真搜索查阅自存的书刊，从中精选二十一篇文章编成一集，冠名"厦大人事风物丛稿"。

这二十一篇文章的内容，均与厦门大学校史密切相关，虽然题目不一，年代各异，篇幅有长有短，但所牵涉的人、事、物却互相关联、融会贯通，从不同侧面和不同视角，展现百年厦大令人缅怀、催人奋进、多姿多彩的历史画面，讴歌一代代厦大人的文化自信。总之，写的是厦门大学的好人好事好风光，讲的是厦大故事。

书稿编成后，随即赴厦大出版社原总编辑陈福郎府上拜访，尊请他为本书写序，承蒙俯允。陈福郎不仅是新闻出版系统的编审，而且是一位作家。他是我四十年前在厦大党委宣传部工作时的老同事，是知我爱我情谊诚挚的老朋友，也是一位有水平有胆识有担当、经验丰富、乐于助人的老总编。作为这本集子的第一位读者，他花时间披阅全书，用功夫写出序言，令我感激不尽。

按一般著述，序言可不加标题，可是陈编审却别出心裁，给加上了"以赤诚之心礼赞母校"的序题，虽然这让我深感受之有愧，但也给了我极大的勉励和鞭策，促进我克服困难勇敢前往，坚定出版这本书的信心和决心。

出乎意料之外的事情还有，原厦门大学校长、现任厦大校友总会理事长的朱崇实教授，当他收到我委托总会秘书长曾国斌先生转达给他关于出版文集的一封信的时候，他看完信后，竟然在信封上写了批文，其中一段说我"过去数十年撰写的这些文章，对研究厦大历史很有价值，如能结集出版，对于百年校庆是一件有意义的事"，这是老校长对学校一名普通退休干部的莫大关心和支持。在此，谨向朱理事长和曾秘书长表示谢意。

这本文集能及时顺利出版发行，与下述单位或个人以各种方式从不同方面的关心、支持和帮助密不可分：

厦门大学出版社的郑文礼社长、黄茂林副书记、蒋东明前社长等，乐意接受我的投稿并在出版方面给予多方的关心。

南安市芙蓉基金会及基金会理事长李扬川、副理事长李渐来，给予资助部分出版经费，减轻了我的负担。

厦门市老教授协会的秘书处陈俊元学弟，帮助我翻拍插图和照片；厦大化学化工学院的院士助理吴清玉、郭晓音，档案馆办公室秘书魏昊，为我搜集部分人物照片；基建处退休干部庄培庆则在校园内外为我骑车跑腿，传递图片印件；著名书法家、书法教育家陈美祥先生，应求赠送墨宝，为本书题写书名。

一直在关注和关心我抱病编辑出书之事的，还有我的大学同窗，厦门大学中文系1961级校友林玉山、王书声、陈可强、陈学新、谭燕山，国光中学厦门校友李深水、李文东。

后记

为了支持我编著这本书，妻子蔡美丽为治病每周一、三、五需要由我陪伴她一起到医院看病开药，她竟然改变方式独自一人上医院，或者让两个儿子海鹏或柳鲲轮流请假陪她去，给我多一些工作时间。

对上述列举的单位领导、师长同学、亲朋好友对我的关爱与帮助，本人铭记于心并衷心感谢。

文章千古事，得失寸心知。不论是单篇文章或大部专著，它能表现的毕竟只是社会的一角，历史的片断，生活的侧面，作者的表达与读者的感受是不可能完全一致的。我认为，对这本书优劣美丑的评判，读者说了算。我不乱于心，不因于情，放宽心情，不说套话，期待读者的批评指正。

恭逢中华太平盛世，喜庆母校与党同庚，衷心祝福母校厦门大学砥砺前行，达双一流，百年树人，止于至善，嘉庚精神，永放光芒！

黄崇矣

二〇二一年元月
于厦大海韵北区